Glamour para llevar

Margarita Zingg & Mario Aranaga

AGUILAR

Glamour para llevar
Primera edición

© 2009, Aguilar, Ediciones Generales

EDICIÓN A CARGO DE
Cynthia Rodríguez

ILUSTRACIONES
Juan Carlos Ariza

DISEÑO GRÁFICO
Jacqueline Sanz
Gustavo González
Estudio Piso 11

IMPRESO EN VENEZUELA: ABRIL DE 2013
Artes Gráficas Rey, C.A.
N° de ejemplares: 2000

EDITORIAL SANTILLANA. EDICIONES GENERALES
Av. Rómulo Gallegos, Edif. Zulia, piso 1,
Sector Montecristo, Boleíta, Caracas 1071,
Venezuela. Telf.: 58212-2809400.
Fax: 58212-2397952

ISBN 978-980-15-0264-7
Depósito Legal lf6332010800175

 La Fundación Venezolana Pro-Cura de la Parálisis , fundada en 1992, tiene como misión dotar de sillas de ruedas a jóvenes de escasos recursos económicos con lesiones medulares permanentes. A partir de 1999 amplía su cobertura de donativo de sillas de ruedas a todo el territorio nacional e inicia una serie de programas creados que persiguen mejorar la calidad de vida de esta población y facilitar el proceso de inserción social, educativa y laboral (donativo de sillas de ruedas, rehabilitación física, orientación familiar y psicológica, capacitación para el trabajo, música y recreación). Hoy en día la Fundación Venezolana Pro-Cura de la Parálisis es reconocida como organización líder en la atención a personas con discapacidad motora.
www.fundaprocura.org
información@fundaprocura.org

Glamour para llevar

Margarita Zingg & Mario Aranaga

A Tina, Andrea y Alessia

Agradecimientos

A René Scull, por ser el motor de este proyecto y por su enorme paciencia. A Mario Aranaga, sin el cual este libro no hubiera sido posible. A mi mamá, por haberme infundido fortaleza y coraje y, sobre todo, por haberme dado la libertad para soñar.

Un especial agradecimiento a Mariana Marczuk de Santillana, quien entendió inmediatamente el concepto del libro y nos llenó de entusiasmo. A Cynthia Rodríguez Peraza, nuestra brillante editora. A Jacqueline Sanz, quien con su notable talento para el diseño y su meticulosa atención a los detalles hizo que este libro fuera lo que soñé. A Juan Carlos Ariza, un extraordinario ilustrador que con su invaluable talento logró darle vida. A Ileana Flórez, cuya invalorable asistencia y amor a este proyecto lo hicieron posible.

Quisiera expresarle mi más profundo agradecimiento a los fotógrafos, Fran Beaufrand, Memo Vogeler y Rafael Méndez, quienes buscaron en sus archivos para traernos las imágenes que acompañan estas páginas.

A las personas que contribuyeron para las entrevistas: Carolina Herrera, nuestra diseñadora estrella; Kenneth Jay Lane, el genio de la Faux Bijoux; Silvia Tcherassi, diseñadora colombiana; Giambattista Valli, diseñador italiano; Santiago González, diseñador colombiano; Marva Griffin, mi amiga de siempre; mi bella sobrina, Eglantina Zingg; el doctor Jaime Pinto Cohen; el estilista Tito Olmos y a Carlos Mota, mi querido amigo.

A Ana Luisa Baptista, la reina de la maleta y a Carolina Fonseca, mi prima y hermana, por sus valiosas colaboraciones. A Aura Marina Hernández, quien recopiló fotografías de mis épocas en Dior.

También quiero agradecer a quienes ya no están de cuerpo presente pero que siempre me acompañan: Federico Blohm, Perucho Vals, Tomás Mendoza, Pedrito Itriago, y otros más.

Y a tantos y tantos amigos que me han apoyado en la aventura de escribir este libro.

Contenido

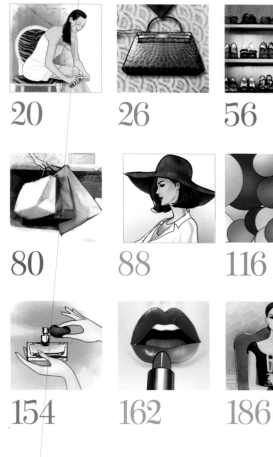

Glosario p. 202

Pasión por la moda
Margarita Zingg

Siempre he sido una mujer observadora, detallista, apasionada por la moda. Desde pequeña me llenaba los bolsillos de muestras de tela al salir de casa de la costurera, para luego vestir a mis muñecas. Con mis amigas Andreína y Tulia hacíamos colecciones de vestidos con papel creppé y hasta con papel periódico.

Más tarde, el clóset de mi mamá se convirtió en mi más preciado juguete. Allí inventaba y reinventaba distintos atuendos. De hecho, mi madre fue la primera impulsora de mi carrera. Ella me permitía hacer de las mías con todas sus pertenencias. Ya en mi adolescencia pintaba siluetas y vestidos en vez de copiar fórmulas químicas, para desesperación del profesor. Toda la vida he sentido la misma pasión por la moda.

Este libro nace de muchos años de observación y de 25 de experiencia en la industria de la moda. He estado expuesta a tantos lugares, tanta gente y tantas culturas distintas que de alguna manera me sentía en deuda. Con este libro quisiera ofrecerte armas esenciales para que te veas y te sientas increíblemente bien, chic y fantástica.

FOTOS: ARCHIVO MARGARITA ZINGG / RAFAEL MÉNDEZ / MEMO VOGELER / REVISTA LIFE

El estilo no depende de la moda, ni se conquista comprando cosas de marca. El estilo es una expresión de identidad; es el arte de distinguir y caracterizar nuestra propia imagen. Una mujer con estilo se conoce bien a sí misma: entiende sus posibilidades y límites, sabe interpretarse, reinventarse de un modo personal y con piezas de su propio guardarropa. Tener estilo no significa querer verse más joven, más sexy, o más divertida. Significa ser individual.

Para lograr mi estilo pasé por muchas fases. Recuerdo que cuando era muy joven, me encantaban los extremos y adoraba todo lo de Coco Chanel y Audrey Hepburn, así que las imitaba. A los 15 años me encantaban los trajes taller tipo Chanel. Era un obsesión tan fuerte, que mi hermana me llamaba Coco y, por supuesto, me veía totalmente fuera de lugar.

En una oportunidad, mi novio Federico, quien después fue mi marido, me invitó a los toros y a mí se me ocurrió ir a casa de la señora Gambi, quien nos cosía, y le pedí un traje de lana manga larga y cuello alto porque me parecía súper chic. Ya en la corrida, casi me desmayo, y no por los toros: imagínense el calor, en pleno junio, a las cuatro de la tarde, vestida de lana y mangas largas. El resultado no fue muy elegante.

Otra inspiración fue la que me inventé para el baile de las Ibarra, unas amigas que vivían en París. Su abuela de Caracas les daba un gran baile, y mi mamá, como de costumbre, me dio libertad absoluta para elegir lo que quería, y yo, ni corta ni perezosa, me mandé a hacer un numerito de color magenta descotado por la espalda hasta la cintura. Cuando llegué al baile, todas mis amigas estaban con crinolinas y trajes esponjosos en color pastel. De más está decir las críticas que ocasioné, pero yo feliz salí del baile (y hasta con novio).

Con los años, comencé a trabajar en el mundo de la moda y se multiplicaron los roles: madre de dos maravillosas niñas, esposa de un hombre muy sociable y además, diseñadora, sin olvidar la responsabilidad de mantener la casa impecable. Rápidamente, desarrollé un estilo que no necesitara mucho esfuerzo pero que se mantuviese todo el día, y sí, trabajaba encaramada en los tacones más altos que se puedan imaginar... Atesoro el recuerdo de esos años aunque estaba siempre corta de tiempo.

Logré tener mi propio estilo femenino y glamoroso. Mi regla fue resistir a los extremos: ni mucho pelo, ni mucho brillo, ni mucha piel, porque siempre he disfrutado ser mujer en toda la variedad de mis roles.

Desarrollar un estilo no es fácil (como verás, todas hemos cometido errores en el camino). Pero vale la pena proponérselo. Con este libro descubrirás que cualquier mujer, independientemente de su edad, su presupuesto o sus características físicas puede lucir estupenda y encontrar su propia voz, esa que le dice al mundo cómo eres.

Aquí encontrarás las claves del estilo que harán de tu clóset un lugar privilegiado y de tu estilo una mención obligatoria en cualquier conversación dentro de tu entorno.

Cuestión de estilo
Mario Aranaga

Conocí a Margarita Zingg hace muchos años y, desde ese primer encuentro, comprobé que el estilo es una cuestión de carácter más que de ropa, de actitud más que de recursos. Y lo recuerdo ahora, en esta nota, porque aunque el estilo no sea una cosa de vida o muerte, tampoco carece de sustancia.

Glamour para llevar comenzó a escribirse naturalmente, como una conversación entre cómplices, una especie de entrevista mutua, divertida, sin pretender nada más que comunicar claramente lo que ambos hemos aprendido durante las experiencias personales que hemos vivido.

Mi trabajo como periodista y editor de moda me ha enseñado que la indumentaria nos permite reinventarnos. Si queremos, podemos ser otros cada vez que nos vestimos. Nuestro guardarropa es una especie de vocabulario visual y, justamente por ese valor absoluto de la apariencia, Margarita y yo nos pusimos manos a la obra para compartir, con conocimiento y humor, algunas recomendaciones prácticas para salir ilesos frente al espejo y ante las miradas de los otros.

Este libro se trata de eso: de acercarse sin temor a esa "dicta-dura" de la apariencia y ofrecer herramientas para descubrir y hacer evolucionar nuestro estilo, definirlo y sacarle el mayor provecho. Porque aquello de que "la apariencia no cuenta" es cuento. Hoy, más que nunca, nadie puede permitirse el lujo de no tener un estilo propio.

La idea es hacerlo fácil, sin muchas complicaciones y entender que el estilo es nuestro patrón distintivo, una especie de cédu-la de identidad donde las últimas tendencias son su expresión más mínima. La moda es una cuestión de ropa y su relación con el momento; el estilo se trata de ti y de tu relación contigo misma. Mientras la moda está en la ropa, el estilo está en quien usa la ropa y no requiere una tarjeta de crédito, sino que flore-ce gracias al valor y a la creatividad.

Glamour para llevar te demostrará que es posible tener mu-cha ropa y ni un gramo de estilo y un clóset discreto, pero to-neladas de él. Ciertamente, la moda es el medio a través del cual expresamos el estilo, pero se requiere menos de lo que podrías imaginar, en términos de ropa, para tenerlo. La idea no es penalizar a nadie por no saber ciertos trucos. Pero créan-me, cuando lean y descubran nuestros tips, podrán recordarlos como algo realmente memorable.

Antes de vestirte

Ritual de lo habitual

Haz del momento de vestirte un espacio para ti misma

Vestirse es un arte, y este libro es prueba de ello. Escoger la ropa que luciremos, combinarla, probárnosla y constatar que cada detalle armoniza y nada sobra, requiere de concentración y buen ánimo.

Cada día, antes de vestirte, debes tener tu ropa escogida y siempre darte una ducha. Justo antes de secar tu piel, usa una buena crema humectante o un aceite y no olvides usar filtro antisolar en la cara y poco maquillaje.

Para el día te recomiendo que uses colonia y en poca cantidad. En la noche ya puedes usar tu perfume favorito.

Si vas a vestirte para ir al trabajo, hacer diligencias o estar en la casa, necesitas poco ritual. Si vas al trabajo y el día se extiende, y tienes que salir a una reunión, cena o coctel, puedes agregar una chaqueta, unos tacones, un pañuelo tipo *shawl* y recordar siempre retocar el maquillaje. El resultado será una nueva imagen.

Dato

Si vas al gimnasio o a ejercitarte al aire libre, no olvides usar ropa limpia. Sudor sobre sudor no es una buena combinación.

Para una noche especial y glamorosa tu ritual debería tomar más tiempo. Prepara todo lo que necesitas, desde el atuendo hasta la cartera, así como el maquillaje que usarás para retocarte entrada la noche. El baño se convierte en algo menos rutinario en esas noches especiales. Sentirte bien contigo misma te da la confianza para divertirte, por eso te recomiendo que seas generosa contigo y así serás más generosa con los demás. Date tu espacio y tiempo, introduce aromaterapia en tu rutina, cierra las ventanas y puertas del baño, y mientras dejas correr el agua caliente añade 10 gotas de aceite esencial en tu bañera. Si no tienes bañera puedes masajearte con el aceite en tu cuerpo. También puedes encender una vela perfumada y ambientar con música suave. Este ritual te relajará completamente.

Consejo de emergencia

Si por alguna razón te sientes con los ojos hinchados o con cansancio en la cara, recurre al viejo consejo del hielo: en un envase de vidrio coloca mucho hielo y empapa una compresa de algodón. Ponla sobre la cara y los ojos. Mientras más tiempo tengas para este remedio casero, mejor funcionará.

También es importante que te exfolies para que la piel absorba más las cremas. Para usar adecuadamente la exfoliante debes usar un guante o estropajo y frotar con movimientos circulares. Esto permite eliminar las células muertas.

Cuando salgas del baño y aún mojada, aplícate la crema humectante o aceite, especialmente en rodillas, codos y talones para que no se te oscurezcan. Después de este baño tan divino, salgo como nueva y lista para divertirme.

Mientras te vistes, con calma, también puedes tomarte una copita de tu vino favorito

El ritual de la semana

La cara también necesita exfoliación. Es importante que lo hagas al menos dos veces por semana a medida que pasan los años para eliminar las células muertas.

Cuando tengas tiempo, debes hacer otro ritual. Después de exfoliarte las manos, aplícate aceite de oliva tibio o vaselina durante 30 minutos. Así mantendrás tus manos suaves y jóvenes.

Botiquín de belleza

Las mezclas de aceites para mis rituales de belleza las hago yo misma. Combino aceite de almendras con aceite de oliva y añado unas cápsulas de vitamina E. Es sumamente nutritivo.

Aceites en gotas

Los aceites esenciales pueden ser:

Energizantes: como el aceite de romero, de limón y melissa.

Nutritivos: aceite de almendra, aguacate, pachulí, limón y, por supuesto, el de oliva que es el mejor.

Para el pelo: aceite de camomila para las rubias y aceite de romero para las morenas.

Para masajes: eucalipto y lavanda combinados, o, para ser más seductora, 2 gotas de ylang ylang, 2 gotas de naranja y 2 gotas de geranio.

Para desinhibir: 2 gotas de aceite de albahaca y 5 gotas de aceite de geranio.

Nota: Estos aceites también los puedes mezclar con aceite de bebé.

Ángel Sánchez

¿Qué significa para ti la moda?

La moda es un concepto global cada vez más complejo de definir. Para mí es un arte que mezcla muchos aspectos vitales: historia, calidad, inspiración, fuerza e innovación. Lo que sí es claro es que la moda no es una cuestión de vida o muerte.

¿Qué hay que tener en el clóset para ser feliz?

Básicamente, lo que te quede bien. Y eso no tiene que ver con el valor de las piezas; tiene que ver con conocerte a ti mismo, con tu seguridad, con potenciar tus atributos y disimular tus defectos. Creo que un clóset de hoy debe ser muy inteligente.

¿Prefieres tener estilo o estar a la moda?

La moda es una expresión mínima del estilo. Un individuo puede no tener estilo y seguir la moda. Pero no se puede olvidar que el estilo necesita una constante autoevaluación. Es como adaptarse a cada etapa de la vida.

Diseñador venezolano, nacido en Valera, estado Trujillo, que llegó a Nueva York hace ya diez años para conquistar las pasarelas

FOTO: CORTESÍA ÁNGEL SÁNCHEZ

Nunca sin ti

Los básicos

Una guía
imprescindible
de las piezas
que no deben
faltar en tu
clóset

Existen ciertas piezas del guardarropa que forman parte de la estructura elemental del estilo femenino. Son los aliados incondicionales que nunca te dejan mal. Funcionan bien como punto de partida, combinados con otras piezas para potenciar la apariencia. De hecho, esa es su función. Son, sin duda, la columna vertebral de todo clóset. Por supuesto, la idea no es llenarse solamente de este tipo de piezas, pero contar con unas cuantas es pura inteligencia de moda y no habrá mujer experta en el estilo cuyo clóset no las atesore. Se trata de los famosos básicos.

Los básicos pueden venir en colores neutros (blanco, negro, beige, azul marino), de buena calidad y tener un corte perfecto. Como esa camisa blanca de algodón que, si la combinas con la pieza justa, te hace estar vestida estupenda de una manera muy simple y sin grandes inversiones, ni de tiempo ni de dinero.

Básico versátil

Una buena camisa blanca se ve impecable con jeans o también debajo de nuestro conjunto de pantalón o falda. Ese mismo pantalón del conjunto lo podemos variar con la misma camisa y un bonito cardigan.

Lo bueno de estas prendas es que siempre te dejan la oportunidad de repotenciar tu apariencia. Si las mezclas con algo que esté muy de moda, pueden dar un giro completo a todo el conjunto.

La idea es que en tu clóset siempre encuentres ciertos "incondicionales" que te faciliten las cosas, porque la vida real no está llena de esas mañanas donde te sientes super creativa y combinas muy bien tu ropa. Todas sabemos que lo más común es encontrase con ocasiones en donde tienes una cita importante a las 7:30 de la mañana o necesitas viajar y debes estar lista en quince minutos. Es allí donde los básicos salvarán tu vida.

En esta lista encontrarás los que considero los básicos indispensables para toda mujer. Puedes ir adquiriéndolos poco a poco e incluso es posible que ya tengas algunos de ellos y éste sea el momento para organizarlos y darles nueva vida. Si algo bueno tienen los básicos de verdad, es que nunca mueren.

FOTO: MEMO VOGELER

El negro, un clásico

El negro es el mejor color y el más versátil para vestirse. Cubre todas las imperfecciones, favorece a la talla 4 o a la 18 y es elegantísimo a cualquier hora y en cualquier lugar.

Pantalón

No hay pieza más maravillosa que un pantalón negro bien cortado. Yo los uso todo el tiempo con zapatos altos y un buen top o suéter para ir a un restaurante o a un pequeño coctel. Me gusta estar toda de negro y ponerme distintos accesorios. A la hora de comprar un pantalón negro puedes gastar más, porque debe ser de la mejor calidad posible.

Hace poco hice un viaje de 8 días a Washington y New York y sólo lleve dos pantalones negros, uno de lana porque era invierno y otro de *creppe*, dos blue jeans, unos informales para zapatos bajos y otros más elegantes para botas de tacón alto y fue perfecto. Los combiné con diferentes tops, suéteres y bufandas. Para viajar no hay nada mejor que llevar prendas básicas.

El pequeño vestido negro

Todas debemos tener uno. Es tu mejor aliado porque es múltiple, intelectual, sexy, austero y, a la vez, provocativo. ¿Recuerdan la película *Breakfast at Tiffany's* con Audrey Hepburn, con su perfecto y *chic* vestidito negro? Esa película marcó la industria de la moda. Desde entonces, todos los diseñadores hacen en sus colecciones una nueva versión del pequeño vestido negro.

Yo confieso que, desde los 16 años, cuando usé mi primer *petit noir*, nunca ha faltado uno en mi clóset. Lo uso con sandalias o bailarinas para el día o en la noche con tacones altos y perlas. Aquí también se puede jugar con los accesorios. Para una y mil ocasiones el vestido negro siempre me hace sentir regia.

A la hora de elegirlo, hay que tener en cuenta que el corte debe ser impecable. A mí me resulta el largo justo debajo de la rodilla el más favorecedor. Sugiero que siempre prefieran el de corte más clásico y sin mucho adorno, así podrán reinventarlo a fuerza de accesorios y complementos.

Audrey Hepburn, en la película *Breakfast at Tiffany's*, marcó la historia de la moda

Dato

Con el negro hay que tener cierta precaución, sobre todo a la hora de combinarlo, porque hay muchos tonos y muy variados: verde negro, marrón negro, azul negro. La clave es mirar bien y con atención el tono de las prendas que estamos usando y cuidar que no choquen entre ellas.

FOTO: MEMO VOGELER

La camisa blanca

Adoro la camisa blanca y la uso todo el tiempo. Me gusta la tipo masculino pero ajustada al cuerpo, con los botones de nácar y abotonada al punto para que sea insinuante sin ser vulgar, con las mangas arremangadas a 3/4 y el cuello almidonado para poderlo subir. Para mí es infalible con un pantalón o una bonita falda lápiz. Este es un look ideal, porque nunca pasa de moda.

¿Quién no recuerda a Carolina Herrera, que siempre sale al final de sus desfiles con una bella camisa blanca y una falda o pantalón negro? Se ve fabulosa. El gran diseñador italiano Jean Franco Ferre hizo todo una carrera alrededor de ella.

Un clásico sin edad
No se sabe quién fue la primera mujer que la usó, pero se remonta a la época de la moda garçon, en los años 20.

Para mí la camisa blanca representa pureza, rigor y, por supuesto, estilo, además de ser muy sexy. Llevar el color blanco cerca de la cara siempre es muy favorecedor pues le da luz y frescura.

Los materiales pueden ser lino, algodón (mi favorito), seda o poliéster. Tengan todas las que puedan y elijan distintas telas para que puedan utilizarlas en distintos climas. Es muy importante disponer de al menos una que sea fresca, para utilizar en esos días en los que hace mucho calor pero tenemos un compromiso en el que debemos lucir impecables.

1

2

3

4

Así la usaron

1
Audrey Hepburn
la usó de hombre,
anudada a dos
vueltas en su
diminuta cintura,
en la película
*Vacaciones
romanas* (1953)

2
Katharine
Hepburn (1940)
usó la hermosa
camisa blanca
en todas
sus películas

3
Ava Gardner nunca
estuvo más sexy
que con su camisa
arremangada en la
película *Mogambo*

4
En 1990, Julia
Roberts, en *Mujer
Bonita*, tomó
prestada la de
Richard Gere
para tapar un feo
vestido y llegar
a un elegante hotel

5
La primera dama
de Francia, Carla
Bruni admite que
su uniforme diario
es una impecable
camisa blanca con
un bello pantalón

5

3 Faldas

Nadie puede dudar del poder de un par de piernas femeninas en la falda adecuada. Para encontrar el modelo ideal debes tomar en cuenta tu altura y el largo de tus piernas. Puedes usarla unos centímetros más arriba o más abajo de la rodilla. En este caso la proporción es importante: no es lo mismo una japonesa de 1.50 metros que una valquiria alemana de 1.80. El resultado puede ser totalmente distinto.

La falda lápiz o pegadita

Poderosa y sofisticada, este modelo te hará sentir más femenina y sexy que nadie y, si te la pones con tacones altos, estarás lista para triunfar. Además, tiene ese aire nostálgico de los cincuenta que siempre es muy distintivo. Dependiendo de cómo la combines, la puedes usar en la oficina o en una ocasión más especial.

Recuerda

Esta falda debe ir justo por debajo de la rodilla o por encima, pero nunca en la mitad. Luce más elegante con tacones altos y, por favor, no la uses demasiado pegada, porque se pierde todo su efecto. Si la tela es strech es mejor y te resultará más cómoda.

La mini *Sexy sí, vulgar nunca*

Me encanta, pero sólo la uso en la playa. Si tienes unas lindas piernas y no más de 45 años la puedes llevar, pero recuerda que con la edad la apariencia de las rodillas no mejora sino que tiende a empeorar y no es recomendable enseñar algo que no esté en óptimo estado.

Con una mini, nunca lleves un top muy escotado. Ten en cuenta que las de jean tienen la tendencia a subirse. Hay que verse por detrás, algunas lucen más cortas que por delante y puede ser fatal.

Para las más jóvenes y con buenas piernas son sensacionales pero hay que tener balance. Por favor, asegúrate que no sean tan cortas para que cuando te sientes, no se te vean las panties. Y siempre, siempre ten como norma que si estás mostrando la parte de abajo (minifaldas, shorts, etc.), la parte de arriba debe ser lo menos llamativa posible, para balancear.

Falda tipo A

A mí me gusta con zapatos bajos. Y aunque es un corte más juvenil, para el día es muy práctica. Póntela con un suéter en V o con una camisa masculina con las mangas arremangadas. Busca una que se ajuste a la cadera para evitar que ensanche la parte trasera del cuerpo.

Con este tipo de piezas te puedes divertir con colores y dibujos, pero siempre manteniendo el top unicolor. Recuerda que por regla general, si llevas algo con volumen abajo (como este tipo de falda), arriba debes usar algo que se ajuste a la figura.

Me encanta vestirme con la falda en colores neutros y una bella camisa blanca.

Falda larga de etiqueta

Si la llevas en tonos oscuros, es una buena herramienta para salir de aprietos en ocasiones elegantes. Recuerdo que una vez hice una colección de faldas largas y camisas estilo *wrap around* que fue todo un éxito.

Lo práctico de estas faldas es que, con sólo cambiar el top, tienes múltiples atuendos, y la puedes usar durante años. Recuerda la regla: si es ancha, el top debe ser ceñido al cuerpo, si es pegada puedes usar volantes o algo más fluido. Lo importante es que te sientas segura, porque es eso lo que quieres transmitir.

4

El pantalón

En todo guardarropa que se respete debe haber al menos tres pares de pantalones. Siempre debes buscar que estén muy bien cortados y que sean de colores neutros: azul marino, beige y, por supuesto, negro. El pantalón de línea suelta o entallada es el pan nuestro de cada día. Si observamos a las mujeres en las calles de cualquier ciudad, encontraremos que el 75% de ellas usan pantalones.

En el mercado hay una inmensa variedad y la clave es conseguir el apropiado para nuestro cuerpo y para el uso que le vamos a dar. Hay pantalones para diferentes ocasiones: no usaremos el mismo para una mañana de diligencias que para un coctel.

Para un look formal me gustan largos, con zapatos de tacón alto. Se ven muy femeninos y elegantes. Los cortos, tipo capri, son ideales para un look más informal. En verano o en la playa, se ven estupendos con zapatos bajos o sandalias.

Debes tener por lo menos un par de clásicos, en negro y blanco o crema. Yo los uso más anchos de pierna y de talle alto, de líneas sobrias al estilo de los años setenta. Pero busca el que mejor te quede. La forma lo es todo.

Coco Chanel
fue la primera en poner de moda los pantalones en 1920. Ella se dio cuenta de la maravillosa versatilidad y comodidad de esta prenda. Hoy en día son aceptados hasta en fiestas de etiqueta

El dato

Recuerda tener algunos pantalones para tacones altos y otros para zapatos bajos.

Lo que deseamos es que nuestro pantalón nos quede como un guante, por lo que debemos chequear la proporción del torso con las piernas. De esto dependerá si usas talle alto o talle bajo. Te recomiendo que siempre confirmes tu imagen en el espejo. Revisa que el pantalón no esté muy apretado y no se meta por detrás. Tampoco es bonito cuando está apretado por delante, además, son muy incómodos.

5 Jeans

Yo, prácticamente vivo en jeans, y cuando pienso en comprar uno nuevo, siempre entro en pánico. ¡Hay tanta oferta y tantos modelos!

Mi recomendación es que cuando compres uno que te quede bien, cásate con esa marca y cómpralos, si puedes también, en blanco y negro.

Al probártelo, hay ciertas reglas:
• Chequea el corte, cómo te queda desde todos los ángulos. Es muy importante que te puedas ver por detrás y no lo compres ni muy pequeño ni muy grande. Tiene que ser de tu talla.

El dato
Si vas a llevar
pantalones con
las botas por
fuera (no muy
recomendable
para el trópico),
asegúrate de que los
pantalones sean tipo
pitillo y no se hagan
bolsas en torno
a las botas porque
se ve fatal.

• Te recomiendo que te pruebes varios y no pienses que el más caro es el que mejor te quedará. El mejor es el que te favorece y te hace sentir bien. Si consigues uno que cumple con estas cualidades, cómpralo.

• Generalmente hay que arreglarlos un poco para que sean perfectos, sobre todo con el ruedo.

El dato

Si no sabes qué ponerte para una fiesta que no sea muy formal, un par de jeans puede llevarte a donde quieras, desde una reunión familiar hasta un coctel informal. Si los acompañas con un top o un accesorio que brille, te verás muy bien sin haber gastado una fortuna. Como es festivo y a la vez muy confortable, si viajas, esta prenda te será muy útil. Mi secreto para estar chic al instante es ponerme un par de jeans oscuros y un suéter también oscuro, con un buen accesorio, un lindo brazalete, un bello pañuelo, cadenas o un divertido collar.

La historia dice

Los jeans originales son los Levi's. La historia comenzó en 1850, cuando, en plena fiebre del oro en California, un alemán llamado Leo Strauss y que luego se cambió el nombre a Levi, inventó este pantalón de tela azul, muy resistente. Comenzó siendo un pantalón de trabajo y hoy en día es un signo de libertad, comodidad, versatilidad. Es muy sexy y lo usa todo el mundo, literalmente todo el mundo.

6 El suéter de *cashmere*

Cuando te pones un suéter de *cashmere* o *cardigan*, inmediatamente te sientes de lujo. Es caliente y perfecto para viajar a climas fríos. Además, su textura es muy agradable a la piel. El tipo *cardigan* —con botones— es multiuso: lo puedes usar sobre una simple camiseta o con una camisa abotonada o de una manera muy casual, amarrado en el cuello. También funciona sobre un vestido para cubrir los hombros. Yo no salgo nunca sin mi pequeño suéter; es una manía. Me encanta con un bonito cinturón, mi falda lápiz y unos tacones altos.

Otro suéter muy importante, y también básico, es el cuello tortuga negro. En invierno es prácticamente mi uniforme. Un buen suéter de cuello tortuga lo puedes llevar del día hasta la noche, dependiendo de los accesorios.

Hay diferentes pesos de *cashmere* y, para nuestro clima, lo puedes usar en combinación con algodón o seda, para que no sea tan caluroso.

FOTO: MEMO VOGELER

Franela blanca

Es un básico accesible al que le puedes dar muchas funciones. Recomiendo tener varias: manga larga, corta y sin mangas. Son mi base para muchos looks. Simple, chic y funcional, la uso sola con mis jeans favoritos y un lindo cinturón, o con cadenas o un pañuelo debajo de un blazer o *cardigan*. Es tan útil que va con todo, hasta un elegante traje le da un aire más casual. Es muy práctico tenerlas, además, en colores neutros, como azul marino y negro.

El dato

Ponle atención al cuello de la franela: no debe ser muy alto ni muy bajo. Nunca la uses muy pegada.

Bailarinas

Son un par de zapatos que todas debemos disfrutar. Básico importante para viajar, ir de compras o estar relax. Ya son esenciales.

9 Taller-pantalón

Durante los años setenta, las mujeres comenzaron a imitar el estilo masculino para vestirse y el taller-pantalón se convirtió en un símbolo de la fémina poderosa. Aunque últimamente los pantalones y las chaquetas se ven impuestos por separado, el traje pantalón es una prenda que en cada colección se reestructura y se presenta en infinitas versiones. Giorgio Armani ha construido todo un imperio alrededor de él y aunque tenga detalles muy modernos y a la moda, sigue siendo un clásico.

A mí me encanta con tacón alto y dentro de la chaqueta siempre me pongo una camiseta o una camisa muy femenina. No me gusta llevarlo sin nada abajo.

1

Así la usaron

2

1
Angelina Jolie
asistió a los Oscars
con un traje blanco
de pantalón

2
Bianca Jagger lució
regia cuando se
casó con su traje-
pantalón de Yves
Saint Laurent

3

3
Marlene Dietrich
siempre se vistió
de traje-pantalón
llevándolo al colmo
de la sofisticación
con el *smoking*
en blanco

El blazer

Lo tomamos prestado del guardarropa masculino para nunca devolverlo. El blazer es esencial para vestirnos casuales. No lo debes sacar de la columna vertebral de tu clóset.

Lo puedes usar con todo: con jeans, con una linda camisa y un pañuelo o collar. Te dará para mucho, con caquis y hasta con unos simpáticos bermudas o shorts y de noche lo puedes usar sobre un sencillo vestido negro.

El dato

Trata, siempre que puedas, de hacerlo más divertido y moderno: lo puedes usar sin nada abajo o con una camisola pequeña y un gran collar. Si no lo usas con accesorios divertidos, se verá muy ejecutivo. Combínalo con piezas que destaquen.

Si quieres que luzca actualizado tiene que tener la cintura más angosta y el corte de la manga más arriba, el cuello debe quedar plano y sin levantarse, al igual que la solapa.

El blazer debe ser generalmente azul marino o negro, aunque también se ve estupendo en tonos neutros, y puede ser sencillo o cruzado. Hay mil y una opciones: tú escoges la que te quede bien física y mentalmente.

11 La cartera

Creo que toda mujer debe tener tres carteras básicas. Para el día, una cartera que pueda llevar al hombro, donde quepa todo lo que necesite y que sea cómoda. Para la noche, una cartera tipo sobre para llevar sólo lo necesario y verse glamorosa. Para lucir elegante en compromisos diarios lo ideal es tener una mediana, que le sirva para complementar la apariencia durante el día.

El dato

Si hay una buena bolsa para invertir en cualquier momento, es la cartera. Nina García, en su libro The one hundred recomienda que toda mujer debe invertir unas semanas de su sueldo en un buen bolso, original y de piel que le durará toda la vida. Lo mejor es optar por modelos clásicos como la Jackie O de Gucci o la Birkin de Hermès.

Caquis

Los pantalones de caqui son parte del uniforme casual. De tela resistente y en tonos que varían del amarillo ocre al verde gris; son la solución perfecta cuando no queremos usar jeans. Te dan un look muy fresco y clásico con una linda camisa y un blazer.

El dato

Con una chaqueta tipo safari o de algún color más pesado te da un aire más elegante.

Para hacerlos más urbanos puedes usarlos con accesorios llamativos como unos zapatos bajos y cartera de patente o de color. Combinados con negro o azul marino se ven muy sofisticados.

La gabardina

Aunque vivimos en un país tropical, últimamente llueve constantemente y esta prenda se hace básica. La gabardina está hecha en un material resistente al agua, de color caqui o tonos olivas y algunas vienen con forro de lana y se pueden usar de abrigo si viajas en invierno.

Las primeras las hizo la firma inglesa Burberry para cubrir la necesidad de los campesinos de protegerse de la lluvia. Más tarde se convirtió en una pieza del uniforme de los soldados durante la Primera Guerra Mundial, hasta que finalmente se hizo un clásico de la moda.

La gabardina se usa tanto de día como de noche. En el mercado hay de muchísimos colores y hasta transparentes, como las que hizo Prada varias temporadas atrás. Pero a mí me gusta la clásica. No importa lo que te pongas debajo de la gabardina, siempre te dará un aire de misterio, de chica enigmática, y con un par de lentes oscuros, te sentirás como una estrella de Hollywood. Luce muy bien con tacones altos o con botas.

14 Tacones altos

Deberías tener por lo menos un par de tacones altos de la forma clásica. Lo recomendable es que sean negros, pues así te combinarán con una gran variedad de atuendos.

El dato

El consejo para comprar zapatos altos: busca calidad. Es cierto que un buen par de zapatos puede costar una pequeña fortuna, pero duran más y se ven mejor, no te van a dejar en medio de la calle y te sentirás increíblemente bien cada vez que te los pongas.

15 La chaqueta safari

Es un clásico de la moda y los diseñadores la reinventan de tanto en tanto. Fue Yves Saint Laurent quien la lanzó al estrellato y la hizo en innumerables colecciones.

El dato

Como cualquier otra prenda que luce masculina, debes llevarla siempre con algo que luzca muy femenino.

De mangas largas, cortas o sin ellas, con diferentes cinturones y botones —hasta los de metal—, realizada en caqui, esta pieza te sacará de muchos apuros y te servirá para cualquier selva urbana.

La chaqueta safari viene ahora muy al cuerpo. Las hay con aire militar y los colores son siempre neutros y verdes oliva. Se ven de película con pantalones y faldas blancas, unas sandalias metalizadas o espartanas.

Yves Saint Laurent
la lanzó al estrellato y la hizo en innumerables colecciones

Las perlas

No hay nada que dé más luz a la cara que un lindo collar o unos zarcillos de perlas. A mí me parecen completamente *chic*. Los modelos clásicos son: el sencillo collar de una vuelta, que podemos usar con el vestido negro o una t-shirt; la gargantilla victoriana que usualmente lleva tres vueltas y se coloca en la mitad del cuello y se ve muy bien con los vestidos descotados; el llamado *chocker* que cubre el cuello hasta la base; el collar princesa, que mide unos 50 cm y se ve muy bien con escotes poco profundos; y el preferido de Coco Chanel, que medía más de un metro. Este collar llamado *sautoir* es muy versátil porque se pueden hacer muchas vueltas con él.

Tip:
Cuando se usan perlas, hay que tratar de evitar que entren en contacto con el perfume que llevas en el cuello, la laca del cabello y otros productos que las afectan.

Toda mujer elegante debe tener al menos un collar de perlas, falsas o cultivadas. Para seleccionar el correcto, hay que tener en cuenta el tamaño, el lustre y el color.

Así como las perlas naturales son joyas verdaderas y un regalo de la naturaleza, hay excelentes perlas de imitación, y a veces es muy difícil distinguir la real de la falsa. La mejor prueba es averiguándolo con los dientes, si la perla es real, al rozarla con los dientes, sentiremos una sensación carrasposa.

Tips de limpieza

- Para cuidar tus perlas lo mejor es guardarlas en un lugar separado del resto de tus joyas. Así evitarás que se rayen. Envuélvelas en una gamuza o terciopelo en un lugar húmedo.
- De vez en cuando, es bueno lavarlas con un jabón delicado, jamás con detergente.
- Ponte las perlas después de haberte aplicado el perfume y la laca.
- Y las perlas hay que usarlas para que no pierdan su brillo.

De la arena a la joya

El nacimiento de una perla es excepcional. A una ostra que está muy tranquila en el fondo del mar se le introduce un grano de arena o un cuerpo extraño. Ella, para defenderse, segrega una sustancia transparente que es el nácar y envuelve el cuerpo extraño, y es así como nace la perla.

¿Pero, qué pasó en la historia para que las perlas dejaran de ser usadas solamente por los más nobles y elitescos personajes? A principios del siglo XX la mano del hombre consiguió un milagro: la perla cultivada.

Las perlas

Hasta Cleopatra

Desde épocas inmemoriales las perlas han cautivado al hombre. Los antiguos egipcios, los indios y los romanos las tenían en muy alta estima, así como los griegos, que pensaban que las perlas se producían cuando un rayo caía sobre el mar. Su nombre evoca maravillosas joyas y está relacionado con el mar. Son un símbolo de inocencia, pulcritud y renovación.

A mí, personalmente, siempre me han encantado pues mi nombre, en antiguo griego, significa perla del mar. Otra que estaba fascinada era Cleopatra. En pleno romance con Marco Antonio lo invitó

a un banquete y para ser más seductora se quitó una de las enormes perlas que llevaba de arete, la pulverizó en una copa de vino y se la tomó. No sabemos qué pasó después, pero Marco Antonio enloqueció. También Elizabeth I de Inglaterra se hacía coser miles y miles de perlas en sus trajes y tocados, y, adivinen de dónde provenían esas perlas: de la costa venezolana que era tan prolífera que en la antigüedad se le conocía como la costa de las perlas.

En el siglo XVI se sacaron alrededor de 118 millones de perlas de nuestras costas. Fueron tantas que todavía actualmente es muy difícil encontrarlas. Calígula en medio de su locura adornó a su caballo con un enorme collar de perlas y la emperatriz Teodora aparece en los maravillosos mosaicos de la época prácticamente cubierta en ellas.

Quien impuso la moda de las perlas en el siglo XX fue Coco Chanel, con su matrimonio perfecto de vestidito negro y collar de perlas. Más tarde ella misma usaba perlas, pero no sólo un collar sino cascadas donde se mezclaban verdaderas y falsas.

Todos los diseñadores han utilizado las perlas. Givenchy se las colocó a Audrey Hepburn en Breakfast at Tiffany's. Este collar de 5 vueltas y un broche de brillantes fue copiado por miles y miles de mujeres y, por supuesto, era falso.

Coco Chanel impuso la moda de las perlas

ELLOS dicen...

Eglantina Zingg

¿Cuál es tu filosofía de la moda?

Ser siempre creativa y, a veces, moderada. No siempre lo que está de moda es lo mejor que nos queda. Nada en exceso es elegante y, sobre todo, lo más importante es sentirse cómoda.

¿Qué hay que tener en el clóset para ser feliz?

¡Un buen par de jeans!

¿Cuáles son tus diseñadores favoritos?

Balenciaga, Chanel, Christopher Kane y soy perpetua seguidora de Top Shop.

Es modelo y conductora de televisión. Ha estado al frente de varios programas de MTV

Donde todo comienza

El clóset

Aprovecha al
máximo el espacio
y conviértelo
en el lugar más
emocionante

Tirados en el suelo y sobre la cama yacen vestidos, zapatos, blusas, collares, pantalones, franelas, pañuelos y hasta carteras… Es la estampa típica del cuarto de muchas mujeres cuando no logran encontrar el look perfecto para lucir un día de trabajo o en ese compromiso tan especial.

¿Cuál podrá ser la causa de ese pequeño terremoto de estilo tan recurrente? ¿Será posible que el apuro y la falta de orden dentro de gavetas, armarios, contenedores y hasta del mismo clóset hayan colaborado? Y la tercera e ineludible pregunta: ¿Será posible localizar algo dentro de ese desastre?

Para encontrar la respuesta, simplemente hay que remitirse a las estadísticas. Con un clóset desordenado sólo se llega a utilizar el 20% de toda la ropa, con lo cual el 80% restante queda en el más puro olvido entre montones de ropa apretada o sin doblar.

Una desorganización de esas magnitudes favorece los errores más comunes de un guardarropa sin norte: tener piezas por duplicado, utilizar siempre las mismas prendas, olvidarse por completo de accesorios y prendas increíbles y salir de la casa muy poco satisfechas con lo que refleja el espejo.

Comprar en el clóset

Una vez que aprendes a editar tu clóset también cambian tus costumbres al comprar, y tu estilo comenzará a aflorar por sí solo.

¿Cómo salir del atolladero?

Lo primero que debes hacer es editar tu clóset. Aunque sea pequeño siempre tenemos cosas que no usamos; ocupan espacio y distraen.

Seguramente tienes el clóset lleno, pero ¿cuántas de esas prendas realmente usas? Es preferible tener ocho piezas fabulosas que treinta que, en su mayoría, no te gustan.

Escoge lo que en verdad te pones y te hace sentir bien. Lo demás, regálalo. No importa si te costó una pequeña fortuna, si es de la última colección o si, en 1984, te lo ponías todos los días.

Para que sea más fácil editar el clóset, hay ciertas recomendaciones que debes tomar en cuenta:

Libérate

Si ya no te ves, ni te sientes bien con esa pieza, no te pongas sentimental. ¡Para afuera! Te sentirás más liviana y recuperarás espacio vital.

1. Revisa todo, absolutamente todo, cada seis meses. Un día, las carteras, otro día los zapatos, camisa por camisa, y así, lo que decidas desechar, otro lo disfrutará. Una motivación: cuando salgo de varias piezas me regalo una nueva a manera de estímulo.

2. Tienes que ser implacable y no guardar nada por razones sentimentales. Si de verdad piensas que una cartera o chaqueta es demasiado buena para salir de ella, guárdala en otro lado y, después de dos años, vuélvela a sacar. Si no la usas, debes prescindir de ella.

3. No guardes ropa que ya no te queda porque "vas a adelgazar" o porque "es bella". Si no la has usado en años, ya no la usarás. Prometo que no te hará falta y tendrás un clóset mucho más ordenado.

4. Ordena tu clóset para saber dónde tienes todo. Una manera muy práctica es organizar la ropa es por color. Así encontrarás rápidamente lo que buscas. Organizar por tonos nos facilita el momento de vestirnos. También se puede ordenar por piezas: las faldas todas juntas, los pantalones, las chaquetas, etcétera. La idea es poder identificar y ubicar en pocos segundos el *match* ideal. La organización es la mejor amiga de la velocidad.

Tip

No importa si tus gavetas están llenas de tesoros. Si no estás organizada, nunca los encontrarás.

5. Me encanta meter un sachet o un jabón que huela rico en mis gavetas, es muy agradable cuando las abres y sientes el aroma. Recuerdo el clóset de mi abuela, que estaba hecho de palo de rosa, una madera perfumada deliciosa. Pasaba horas metida allí. Ese olor siempre me la recordará.

6. Es importante que los zapatos estén guardados en un sitio donde penetre el aire y siempre debes limpiarlos antes de guardarlos, así te durarán mucho más.

7. Las carteras debes rellenarlas con papel de seda para que no se deformen y guardarlas en sus respectivas bolsas para que se conserven impecables.

8. Los accesorios debes tenerlos a la vista para que los puedas usar. De nada te sirve tener maravillas, si no las puedes ver.

9. Guardar todo en bolsas bonitas y en cajas ayuda a conservar los objetos y a tenerlos ordenados por estilo, color o tipo. La idea es convertir tu clóset en un tiendita *chic* y llena de sorpresas.

Un clóset para cada edad

El clóset de una mujer de 25 años debe ser diferente al de una mujer de 50. Tenemos que estar conscientes de eso. No hay nada que sume más edad a una señora de 60 que vestirse como una jovencita de 20.

Tampoco te digo que te vistas de vieja, ni que tengas un look sobrio y anticuado, pero no cometas la locura de vestirte demasiado sexy porque te verás vulgar. Puedes adoptar ciertos estilos que te favorezcan, pero recuerda que todo tiene su momento.

Dato
Es fatal ir muy apretada o con la falda muy corta. Sólo si tienes 20 años te puedes dar ese lujo.

Si eres muy joven, puedes y debes experimentar con varios estilos para que puedas formar el tuyo propio. Cuando llegas a los 35, ya te conoces bien y es el momento de invertir en las piezas claves e ir mucho más cuidada.

A los 40 estás en tu mejor momento, tu estilo habrá evolucionado, ya tendrás niños y tu carrera será más estable, y es la etapa en la que realmente empiezas a disfrutar de ser mujer.

Sobre los 50, aunque tu peso sea el mismo que a los 20 (lo que quiere decir que eres muy afortunada) tu cuerpo habrá cambiado. Los brazos no tendrán el mismo tono, las caderas serán más amplias, y esa pequeña barriguita que antes no estaba allí te saluda todas las mañanas. Puede ser que estés bella, inclusive más bella que antes, pero de una manera diferente. Es por eso que tu ropa debe ajustarse a ese nuevo cuerpo. Ya las camisas trasparentes no lucirán igual, tampoco los blue jeans muy pegados, puesto que estarán fuera de tono. Las minis, aunque estén de moda, serán un gran NO, en la playa —a menos que hagas mucho ejercicio— y el bikini tampoco se verá bien.

Dato

Fíjate en las mujeres con mucho estilo: nunca las verás con un vestido muy pegado o muy corto ni con un escote revelador.

El estilo que te va

Nadie es perfecto: Jackie Kennedy tenía las piernas como palillos y los pies enormes, Liza Minelli tiene el cuello súper corto, sin embargo, eso no ha sido limitación para ninguna de las dos. Ambas se veían estupendas y con mucho estilo propio.

Es fundamental que tengas un buen espejo cerca de tu clóset y aprendas, con la práctica, el arte de camuflar y compensar esos pequeños desperfectos.

Por ejemplo, si tienes un cuello corto, un collar *choker* se verá de terror. Si, por el contrario, usas un escote en v y una suave y larga cadena te verás muy *chic*. Tienes que jugar con las proporciones de acuerdo con lo que la naturaleza te dio. Si no tienes cintura, no te desesperes. Siempre puedes encontrar algo adorable que no te marque la cintura y, si estás pasada de kilos, olvídate de lazos, volantes y ropa muy pegada. Si tienes un estilo particular, individual y definitivo, las imperfecciones y las arrugas quedarán virtualmente escondidas con el efecto final. Diana Vreeland, ícono de la moda y editora durante años de la revista *Harper's Bazaar* decía que "toda mujer puede ser *chic* o permanentemente presentable si descubre el maquillaje y el peinado correctos para ella, el color o colores que le queden mejor y los zapatos con los que se sienta cómoda y elegante. Después de haber encontrado esta combinación no debe cambiarla nunca, nunca". Dicho en criollo: "no hay mujer fea sino mal arreglada".

Marva Griffin

¿Qué significa la moda?

Me encanta la moda, pero no la sigo. Creo que es algo muy personal y con los añitos no me puedo poner de todo. Además, ahora con la crisis hago *shopping* en mi clóset. Es muy *chic* ponerse las cosas *vintage*.

¿Qué hay que tener en el clóset para ser feliz?

Principalmente, lo que te guste, pero sin olvidar que todo debe quedarte bien.

¿Cuáles son tus diseñadores favoritos?

Mi diseñador favorito ya no está. Era Gianfranco Ferré y me encanta Valentino, porque ama a la mujer.

¿Para una mujer negra cuáles son los colores que recomiendas?

Me encanta vestirme de rojo, de beige y toda la gama de los neutros, incluyendo el marrón pero eso sí, tiene que ser en seda. Tengo también predilección por el amarillo. Yves Saint Laurent, que fue un diseñador irrepetible, un genio, vistió siempre a sus modelos negras de marrón, negro y azul marino.

Venezolana, fundadora del Salón Satélite de Milano. Los diseñadores jóvenes, la consideran su "one way ticket" para la sociedad del diseño

La maleta

Cómo meter
sólo lo que hace
falta, dejar lo
que no hace
falta y no morir
en el intento

Cuando empezamos a planificar un viaje, son muchas las preguntas que nos hacemos. Pero quizás la más importante es qué debemos llevar en la maleta. Para que nuestro viaje sea realmente placentero, debemos tener bien claro una serie de detalles acerca del viaje, pues en esa medida los imprevistos serán más manejables y las posibilidades de que algo se nos arruine, serán menores.

Un viaje es una experiencia que se debe disfrutar desde la preparación, así que estos consejos van a ayudarte a viajar como toda una experta.

Primero lo primero: escoger la maleta en cuestión. Hoy en día los fabricantes de maletas han tomado en cuenta varios factores que debes chequear a la hora de elegir a tu compañera de viaje.

Peso

Obviamente, mientras más liviana, mejor. Debes recordar que, en caso de que tu viaje sea en avión, existen limitaciones de peso y tamaño que estipula cada aerolínea. Para no tener sorpresas desagradables, debes averiguar esto con anterioridad. Las páginas web de las aerolíneas suelen darte toda la información que debes saber.

Tamaño

Evita la compra de las llamadas maletas-baúles. Es preferible viajar con dos maletas medianas que con una gigante. A mayor tamaño, mayor cantidad de equipaje, por lo tanto, mayor peso, mayor incomodidad y, probablemente, mayores inconvenientes por sobrepeso en el equipaje, que las aerolíneas cobran igual que sus vuelos: por los cielos.

Calidad

Tómate el tiempo para revisar bien lo que vas a comprar. Cerciórate de que tu maleta esté manufacturada con materiales impermeables para evitar inconvenientes ocasionados por los imprevistos climáticos. Es de suma importancia la calidad de las ruedas (indispensables para evitar la incomodidad de cargar con el equipaje a cuestas en todos los desplazamientos), que deben estar incorporadas. Procura que tu maleta tenga buenas asas y manija extensible.

Expandibles

Es un "detalle" crucial. No te imaginas el día antes de regresar el alivio que significará contar con esos "dos o tres centímetros" de más.

Pasaporte a la moda

Derrocha estilo hasta en el aeropuerto. Dale a tu pasaporte un regalo único: un estuche de lujo. Muchas firmas tienen esta pieza, pero las de Vuitton y Hermés son muy glamorosas.

La maleta dentro de la maleta

En el mercado existen maletas sin ruedas, de telas "bullet proof", de tamaño mediano que, una vez llenas, puedes colocar sobre la maleta con ruedas para facilitar su traslado. Es una buena y sana costumbre tener una bolsa vacía plegable dentro de tu equipaje pues son las perfectas aliadas para esas compras nerviosas que casi a todas nos encanta hacer. Sobre todo las que nos agarran desprevenidas en los *Duty Free* de los aeropuertos.

Como la de Mary Poppins: de todo en poco espacio

Ya preparadas para decidir qué se viene con nosotras y qué se queda en casa, recomiendo hacer una lista de las cosas que "en principio" hemos pensado llevarnos.

Podemos comenzar seleccionando el color que predominará en nuestra vestimenta. Éste dependerá del destino, el clima, el tipo de viaje que haremos (si habrá reuniones, fiestas o ciertas actividades que requieran algún tipo de vestuario determinado), la duración, la época del año en la que estaremos viajando y el tipo de transporte utilizado. Ese color servirá como punto de partida para organizar el equipaje. Nuestra recomendación es que elijas prendas (faldas, pantalones y chaquetas) unicolores y en tonos neutros como blanco, beige, negro, marrón y gris, que te servirán para el otoño e invierno y colores pasteles para la primavera y el verano. Una vez tomada esa decisión, pensarás las combinaciones posibles que finalmente determinarán el color de zapatos, cinturones, carteras, tops y demás accesorios. De esta forma se te hará más sencillo combinarlas y cambiarás el look apoyándote en ellos.

Pon las prendas y accesorios encima de la cama, día por día. De esta manera aumentarás el número de combinaciones entre las prendas para lograr más flexibilidad. Evita los "por si acaso". La experiencia nos indica que raramente los usarás. Lleva sólo lo que realmente vas a necesitar.

Consejo de modelo
Elle MacPherson dice que cuando está haciendo la maleta, se prueba cada cambio que ha escogido. Así sabe que todo va perfecto con todo y lleva estrictamente lo necesario. También dice que las prendas negras y blancas son sus favoritas a la hora de empacar

Extremo orden

Hay gente que incluso mete sus cambios en bolsitas plásticas individuales dentro de la maleta. Así, cada día es una bolsa.

Los "infaltables"

Ropa interior

Panties y sostenes (existen con tiras "quita y pon" para usarlos con los vestidos o tops strapless). Es buena recomendación llevar un cambio de ropa interior en el bolso de mano, para evitar problemas en esos casos en los que las aerolíneas mandan tu equipaje a otro lado.

Medias

De seda, de algodón o de lana (cortas y largas), para usarlas con pantalones, faldas o vestidos, dependiendo de la temperatura del lugar donde viajes.

Pijamas

Y una bata liviana y lisa. Las de seda son ideales.

Pantuflas

Hay unas estupendas, que vienen en bolsitas especiales para viajar. Combínalas con las pijamas.

Traje de baño

Siempre es bueno viajar con uno de ellos en la maleta. Ocupan poco espacio y uno nunca sabe cuándo los va a necesitar. Obviamente, si nuestro destino es un lugar de playa, éstos serán parte esencial de nuestro equipaje, junto con las salidas de baño y pareos. Aún cuando no esté previsto, llévalo.

Zapatos

Cómodos no, ¡comodísimos! Ni se te ocurra pensar que porque son una de las cosas que siempre te quieres comprar, vas usarlos por primera vez cuando estés de viaje. Los zapatos para caminar son indispensables. Según tu destino, podrás llevar los de goma, que únicamente deben ser usados con los shorts o monos de caminar y el otro buen aliado en la maleta: el jean.

Los fabricantes de sandalias, zapatos y botas se han esmerado en hacer diseños verdaderamente cómodos y bonitos. Les sugiero siempre que elijan los que tengan suela de goma. Hoy en día solemos caminar muchísimo, empezando por los aeropuertos y un resbalón puede acabar con todos los planes.

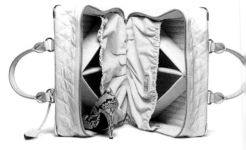

Aconsejo que lleves siempre zapatos de noche y sandalias, (si eres de las personas que no puede "vivir" sin ellas) metalizadas. Siempre te darán ese toque especial y puedes llevarlas con jeans o con pantalones de vestir. Las botas deben acompañarte sólo si vas a un lugar frío y las cholas playeras se llaman así porque sólo van a la playa. Todo dependerá del itinerario final. Recuerda que tus zapatos deben estar limpios y debidamente guardados en bolsas individuales.

Carteras

Lleva una para usar durante el día, que sea grande, no pese y que haga juego con los zapatos que estás llevando. Un sobre pequeño y liviano, metalizado, si te gusta, te va a resultar muy práctico para la noche. Y un bolso para la playa, si ése es tu destino, que puede ser de paja, plástico o transparente.

Cinturones

Lleva varios: ocupan poco espacio y te ayudarán muchísimo a cambiar de look rápidamente.

Ropa de ejercicio

Obviamente, aquéllas que tienen el ejercicio como parte de su vida, o que suelen caminar como mínimo una hora diaria, tienen que agregar, según la actividad que realicen el ajuar deportivo correspondiente: bra especial de ejercicio, medias, shorts o monos, franelas, chaqueta en caso de que el lugar lo requiera y visera o sombrero.

Ropa para todos los días

Un traje de pantalón y chaqueta unicolor, que puedas usar como conjunto y separadamente, te servirá de punto de partida.

El jean que debes llevar es el que te queda perfecto, que puedas usar con camisa o franela, con o sin la chaqueta del conjunto que mencionamos con anterioridad. Hoy, hasta en los mas refinados restaurantes de las principales ciudades del mundo, permiten llevar el jean para la noche combinado con una bonita camisa o top, con o sin chaqueta, y además, gracias a los complementos como zarcillos, collares, pañuelos o pashminas, cinturones, zapatos, botas o sandalias y carteras de noche, te harán ver muy bien.

Empaca otro pantalón que combine con la chaqueta del conjunto, también unicolor.

Si vas a la playa, pantalones cortos o bermudas, si son de tu preferencia. Llévate también una falda unicolor que haga juego con la chaqueta, el suéter, las camisas, tops y accesorios que estás empacando. Si vas a un lugar muy frío, prefiere los pantalones a las faldas, a menos que sean de invierno (de tweed, por ejemplo) que podrás usar con medias "tights" gruesas y botas.

La súper indispensable camisa blanca. Otra vez la resaltamos porque, como el jean, debe ser uno de tus aliados diurnos y nocturnos. Esta pieza, acompañada con un collar de perlas o con unas cadenas doradas, hará que te veas glamorosa llevando jean, pantalones o esa falda unicolor que llevas en tu equipaje.

Un suéter. Aunque vayas a la playa, siempre sopla la brisa marina o te enfrentarás al frío del aire acondicionado, así que el suéter nunca está de más. En el peor de los casos, te servirá como accesorio si lo usas por arriba de tu camisa o franela por encima de los hombros y le das una pequeña lazada con la parte de los brazos sobre tu pecho. Te verás muy bien.

Otro dato importante

En las tiendas estadounidenses Brooks & Brothers se consiguen pantalones y camisas de manga larga y manga corta fabricadas de puro algodón, que se lavan y no necesitan plancharse. Para viajar son todo un hit.

Camisas, tops, franelas... Unicolores, estampadas, de colores neutros y vivos. Elígelas siempre para que combinen con los colores del conjunto que escogiste y el pantalón o falda adicional y que hagan juego también con los pañuelos, pashminas y demás accesorios.

Abrigo o chaqueta, si vas a lugares fríos. Un buen dato es tener uno fabricado de un material que no pese y que abrigue bien.

Sugiero tener siempre una chaqueta impermeable, liviana, práctica y unicolor. Hay que chequear con anterioridad el estado del tiempo que tendremos durante nuestra estadía, cualquiera sea nuestro lugar de destino. Las páginas webs de los periódicos principales de cada país, suelen tener buena información sobre el clima.

Un vestidito unicolor de corte sencillo y lineal. Por supuesto, escoge el que te queda de película, que puedas combinar con la chaqueta del conjunto y que, gracias a esos accesorios, puedas transformar de informal a elegante y sofisticado. De tela vaporosa, de algodón o hilo, largo, corto o a media pierna, unicolor o de print floral para la playa y que, con ciertos accesorios de gran tamaño, un pañuelo o pashmina y las sandalias metalizadas, hará de ti una modelo. Es clave que sepas que cambiando accesorios podrás sentirte como si estuvieras de estreno cada vez que lo uses.

Sombreros, visera y gorras para sitios playeros o actividades deportivas que se lleven a cabo en el exterior. Recuerda que la gorra está reservada sólo para el deporte.

Los accesorios, tus mejores aliados

Siempre viaja con una buena selección de complementos que te hagan sentir segura. Los accesorios bien escogidos te ayudarán a cambiar tu percha de tal manera que parecerá que estrenas un look todos los días. Por ejemplo, las pashiminas se han convertido en un "must", y pueden transformar un pieza simple en todo un acontecimiento.

Los zarcillos, las pulseras y los collares cambiarán tu pinta de diurna a nocturna en un dos por tres. Los pañuelos te darán un toque sofisticado sin mucho esfuerzo.

Lo importante, a la hora de escoger esos accesorios, es:

• Que combinen con la ropa que llevas.

• Que sirvan para dar acentos de día y de noche. Selecciona ambos tipos de accesorios y combínalos de antemano con tu ropa y entre sí, para que lleves todo bien planificado.

• Que te diviertas usándolos y combinándolos en tu viaje.

El neceser: nostalgia a la mano

Aunque muchas quizás lo asocien con las abuelitas, esta pieza de equipaje, además de aportar mucho glamour, puede salvarte la vida en uno de esos casos de maletas perdidas o retrasadas. Recomiendo que busques uno que no traicione tu estilo, los hay de infinitos diseños. Eso sí, trata de que sea impermeable. De esa manera evitaremos que se produzca un desastre en caso de "accidentes" líquidos en su interior.

Recuerda

No empacar aquí afeitadoras, cortauñas, pinzas de cejas, navajitas, tijeras ni objetos cortantes o filosos, porque te los van a retener en el aeropuerto. Todo eso debe ir en la maleta.

Esta pieza podrá contener todos los artículos básicos de higiene y arreglo personal: cepillo y pasta de dientes, peine (utiliza uno que no tenga lados filosos, porque te lo pueden quitar), desodorante, crema con protección solar, champú, acondicionador, perfume y productos cosméticos que habitualmente utilices, todo en pequeño formato.

Este detalle es muy importante, porque las aerolíneas tienen límites de líquidos que puedes transportar y pueden pedirte que dejes cosas si llevas más de lo necesario. Los que tengan presentación líquida, colócalos en frascos plásticos, asegúrate de que estén herméticamente cerrados y colócalos en una bolsa con sistemas de cierre.

Un kit de emergencias con medicamentos genéricos y un mini costurero también son buenos a la hora de viajar. Y un cambio de ropa que puede ser la tabla de salvación, y, por supuesto, algo para abrigarte, si viajas en avión.

Indispensables

• Paraguas (pequeño y liviano)
• Lentes de sol, de lectura o de contacto. Si usas estos últimos, lleva un par de repuesto, con solución suficiente para la duración del viaje.
• Secador de pelo (aunque en la mayoría de los hoteles hay, pero chequea si el lugar donde te hospedarás dispone de ellos).
• Cargadores de celular, cámara, computadora, etcétera.

Otros consejitos

• Aunque no tiene nada que ver con el glamour, chequea la fecha de vencimiento del pasaporte y de la visa del país donde vayas a viajar. Igualmente infórmate si es necesario algún tipo de vacunación especial y otros temas de salud que pueden ser de importancia.

• Si viajas en avión, usa una maleta dura. Para las demás ocasiones utiliza una "semi-blanda".

• Etiqueta correctamente las maletas con tus datos por si se produce el tan temido extravío de equipaje. Un buen consejo es

ponerle una identificación permanente y otra con la dirección de tu próximo destino. La mayoría de esos equívocos suelen ocurrir cuando realizas viajes de enlaces con escalas y cambios de avión.

• Cierra absolutamente todos los cierres y compartimientos de tu equipaje. En establecimientos especializados venden tiras plásticas desechables, utilizadas comúnmente para ordenar los cables de electricidad, que te ayudarán para saber si alguien ha violentado tu maleta.

• Fotocopia tu pasaporte, tarjetas de crédito, licencia de conducir, póliza de seguro, documentación del viaje y demás documentos de importancia y consérvalos separados de los originales.

Otro buen consejo es escanearlos y guardarlos en una carpeta especial en tu computadora, de manera que, si llegase a ocurrir el extravío de los mismos, tengas la facilidad de poder obtener la información e imprimirla.

Tip
Lleva siempre un cambio o muda de ropa en el equipaje de mano.

• Jamás introduzcas dentro de la maleta PC, celular, cámara fotográfica o de video, prendas, dinero u objetos de valor.

• Toma en cuenta las diferencias de voltaje que aplican para otras partes del mundo. Existen aparatos electrónicos que incluyen un adaptador o transformador universal que admite distintas tensiones o voltajes y frecuencias de corriente alterna. Llevar un adaptador de corriente y un kit de enchufes diferentes es otro buen dato.

Tip
Tómate tu tiempo para armar la maleta. Recuerda
que la improvisación se paga cara en los viajes.

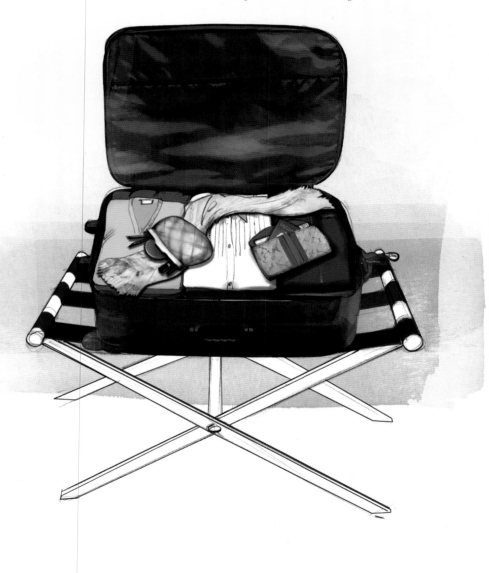

• Si se trata de un viaje largo, coloca de último lo que necesitarás usar de primero, para que lo encuentres a mano.

• Coloca en el fondo de las maletas las prendas y artículos más pesados y ve llenando la misma de manera tal que lo más liviano quede arriba.

Tip
Sube los cierres y abotona todas las prendas antes de empacarlas.

• Aprovecha de "rellenar" con medias o prendas pequeñas los zapatos y huecos libres de la maleta.

• Si viajas con ropa muy delicada, lo mejor es envolverla en papel de seda para preservarla de posibles arrugas.

• Siempre es bueno utilizar los ganchos y bolsas de plástico de la tintorería para guindar la ropa. Ésta llegará con menos arrugas de lo que imaginas, además, te sorprenderá lo rápido que desempacarás.

• Lleva las medicinas que requieran récipes médicos en sus empaques originales, y las instrucciones de administración deben ir junto a la fotocopia del récipe médico dentro del maletín de mano o maleta tipo *carry on*.

• Si debemos llevar abrigo, más vale llevarlo en la mano o dentro del maletín de mano. Lo agradeceremos al llegar al destino.

• Antes de salir de casa chequea las tres "P": Pasaporte, Pasaje y Plata.

Carlos Mota

¿Qué significa la moda?

Mi filosofía de la moda, es y será siempre la consistencia. Si te gusta algún color o estilo de ropa que te quede y te sientas bien, pues úsalo siempre. Si te gusta el negro, entonces vístete siempre de negro. No me importa el repetir siempre la misma cosa; me encantan esas mujeres que siempre andan con el mismo estilo o peinado y nunca cambian, me parece lo más *chic*. Para mí una mujer elegante es la que sabe lo que le gusta y le queda bien, no sigue ninguna tendencia y es consecuente siempre con su estilo.

¿Qué hay que tener en el clóset para ser feliz?

En el clóset hay que tener ropa o piezas que te queden bien; es decir: a tu medida. No hay nada peor que llevar algo que quede mal ajustado a tu cuerpo. Mis amigas cuando compran algo, enseguida lo mandan a una costurera para que se los adapte lo mejor posible a su cuerpo y eso hace una gran diferencia.

¿Cuáles son tus diseñadores favoritos?

Soy muy de *high and low*, de mezclar. Me encantan los belgas, tengo muchas cosas de Martin Margiela, de Alexander McQueen, de Helmut Lang, piezas que mezclo con cosas baratas de American Apparel, y de Gap. El futuro de la moda es ese: saber mezclar cosas baratas con cosas caras.

Es un gurú del diseño interior y es el editor de proyectos especiales de la revista *Elle Décor*

Buen gusto,
precios bajos

¿Quién dijo crisis?

Guía rápida para comprar en tiempos difíciles

Cuando la economía está forzando a las grandes *shopaholics* a ponerle un freno a sus compras, ¿qué se puede hacer? ¿Dieta de compras? Sí, pero tampoco te tienes que morir de hambre. La clave está en copiar a la mujer francesa y comprar inteligentemente.

Para vestirse sensacional y ahorrar dinero, necesitas establecer ciertas estrategias y comprar siguiendo un plan. Hacerlo muy selectivamente es la clave: sólo ve a la tienda cuando lo necesites realmente. Otra clave es estudiar tu clóset exhaustivamente cada cierto tiempo y, cuando te entren las ganas de asaltar el centro comercial, hazte las tres preguntas básicas:

1) ¿Qué es lo que necesito?
2) ¿Qué me gustaría?
3) ¿Dónde puedo encontrarlo?

Las necesidades casi siempre son claras: "necesito un vestido para una boda", por ejemplo. Lo que te gustaría debe tener una banda de posibilidades generosa, así puedes complacerte con un caprichito y no invertir en algo que puede ser una pasión pasajera. Y trata de no quedarte con la primera opción. Busca, busca y busca. De esa manera las posibilidades de endeudarte sin necesidad son mucho menos probables.

Nunca compres algo sólo porque está de moda. Siempre piensa cuántas veces te lo puedes poner y si es realmente versátil. Una chaqueta de lentejuelas, por ejemplo, puede ser muy vistosa en la vitrina, pero si la comparas con un blazer de smoking, comprenderás que no tiene ni por asomo las mismas posibilidades. El blazer lo puedes combinar infinitamente, como ya hemos visto. Con jeans se transforma en una prenda casual y con un pantalón de *creppe* o un vestido de satín, en un complemento muy elegante. Así la idea del brillo y el lujo de las lentejuelas se caerá por su propio peso.

Mezcla marcas

Si tienes una pieza buena, que te costó una pequeña fortuna, no esperes a completar toda la "pinta". Combina ese bolso caro con un jean y una franelita blanca y combina estilos.

Nosotros siempre recomendamos la calidad ante la cantidad. Es como escoger la comida y los vinos, o el postre. Se trata de una manera de vivir. A la hora de comprar, sobre todo en estos momentos, no se pude ser solamente apasionada e inconsciente. Hay que pensar, probarse muy bien frente al espejo y calcular las posibilidades de cada prenda. De esa forma todos saldremos beneficiados.

Las francesas, por ejemplo, son leales a los estilos y colores que les quedan bien. En vez de copiar las pasarelas y las revistas, siempre buscan su sello propio y cada temporada lo refrescan con pequeños y, en algunos casos, poco costosos detalles. Fíjense en la actriz Catherine Deneuve, conocida por sus vestidos negros y su eterna gabardina. Una europea se comprará alguna que otra pieza buena, pero sus jeans serán de Zara y sus t-shirts de H&M. De esa manera mantiene su vestuario vigente y a la moda sin gastar una fortuna.

Ese tipo de mujeres vestidas de pies a cabeza por un mismo diseñador nunca se ven elegantes. La gracia es lucir impecables sin que se note tanto el esfuerzo (ni la billetera) empleado. Para eso hay que ser creativa antes que millonaria. Eso no quiere decir que si compras algo de marca, como una cartera Kelly de la firma Hermés, o un bolso de Louis Vouitton, sea un gasto pecaminoso e innecesario. Si tienes la posibilidad, claro que lo debes hacer, pues muy seguramente será una inversión de estilo que amortizarás con los años de uso.

Lo que sí debes tener claro es que una cosa no tiene nada que ver con la otra: en la moda el dinero no siempre es directamente proporcional al estilo. Y no tienes que endeudarte con la tarjeta de crédito para tener estilo. De hecho, gastar más de lo que puedes en cualquier cosa es una señal desesperada de que no tienes mucho que decir por ti misma. No caigas en eso.

Una gran idea: ¡qué viva el *vintage*!

Para compensar las idas y venidas de los mercados mundiales, nada mejor que una tendencia que valora lo antiguo y lo de segunda mano como el mejor indicador de moda. Para paliar los efectos de la crisis surge, por obra y gracia de los buscadores de tendencias y las editoras de moda, la solución de combinar cosas *vintage* con piezas claves de última tendencia. La idea es buscar dentro o fuera de casa piezas con historia

Vintage no es viejo

Que te vistas "vintage" no quiere decir que debas lucir como tu abuela. Un detalle rompedor puede ser suficiente. También puedes combinar cosas de épocas distintas a ver qué tal.

de moda que puedan transformar una franelita con unos jeans en todo un conjunto de revista de moda o darle carácter a un clásico vestidito de coctel.

Los mercados de pulgas, los bazares y las tiendas de segunda mano son los espacios ideales para buscar esas piezas extraordinarias que puedan subir el status de nuestro guardarropa sin necesidad de invertir sumas astronómicas.

Recomendaciones

• La moda es costosa, pero el estilo no. Muchas veces hay mujeres con mucho estilo que no son precisamente las más ricas, sino las que mejor lo piensan, y las que al final del día saben combinar y mezclar lo que tienen en su guardarropa con mucho sentido.

Cuidado con las ofertas
No siempre lo que está rebajado está bueno. Mucho ojo con lo que estás comprando.

• Si estás de compras y encuentras una pieza o accesorio con mucho carácter, cómprala. Son esos los detalles que le darán vida y estilo a tus clásicos de siempre. Busca esas piezas únicas y especiales para ti, que sean dramáticas pero que puedas usar a través de los años. Todo el mundo, en algún momento de su vida, ha invertido dinero en una pieza soñada, un capricho extraordinario que ha disfrutado, quizás, hasta varias generaciones, un par de lentes oscuros, una cartera, una gabardina, un reloj… son objetos preciosos y preciados que, al fin y al cabo, nos definen como seres únicos.

• Para comprar *vintage* o de segunda mano hay que tomarse su tiempo y revisar muy bien cada pieza para luego no tener sorpresas. Mucho cuidado debajo de las mangas, los cierres y botones, los ruedos, los bordados. No siempre vale la pena la inversión.

• Compra ropa que sea útil la mayor parte del tiempo. Por ejemplo, si estás aquí en el trópico no gastes mucho en lanas pesadas, porque sólo las podrás usar en cortas temporadas.

• Si quieres invertir en una pieza que actualice el look, compra un cinturón o un accesorio de última moda que pueda refrescar totalmente la apariencia de tus básicos.

• El *cardigan* de *cashmere*, delgado o de algodón, puede sustituir a la chaqueta y es más barato, además de ser perfecto para nuestro clima.

La prueba del tiempo

Cuando compres algo en una rebaja, pregúntate "¿pasará la prueba del tiempo?". Muy pocas piezas la superan y esas son las mejores a la hora de aprovechar una oferta.

• Aprovecha la temporada de ofertas y sobre todo, la posibilidad de reparar y ajustar piezas olvidadas de tu clóset. Puedes llevarte grandes sorpresas.

• Mantén una relación sincera con tu cuerpo y con tu estilo de vida. Esto te hará automáticamente más precisa y eficiente a la hora de seleccionar las piezas que vas a comprar. No cometas el error de comprar un vestido dos tallas menos "para cuando rebajes", o unos lentes de sol "para cuando te inviten a pasear en un yate".

Carolina Herrera

Diseñadora y empresaria venezolana, fundó su imperio en 1980 y ha tenido gran éxito a escala mundial. Desde 1981 está establecida en Nueva York

¿Qué hay que tener en un clóset para ser feliz?

Es importante sólo comprar ropa que te fascine. Así, cada vez que abras tu clóset serás feliz con lo que hay dentro. Yo recomiendo tener siempre un vestido de noche colgando en el clóset. Aunque nunca te lo pongas, le dará glamour, y verlo ahí te pondrá de buen humor.

¿Cuál es tu filosofía con respecto a la moda?

No creo que exista una filosofía en la moda. La moda es para el ojo. Es un sueño, es fantasía. Para mí la moda es para hacer que las mujeres se vean más bellas de lo que son con algo que vaya bien con su personalidad y con su estilo.

¿A quién tienes en mente cuando diseñas?

A la mujer del siglo XXI. Esta mujer es activa, glamorosa e independiente. Y no tiene miedo de ser *chic* y femenina.

FOTO: CORTESÍA CAROLINA HERRERA

Glamour
x 365

¿Qué me pongo?

Resolviendo el gran misterio de todos los días

Descubrir el universo de posibilidades que te ofrece la indumentaria y los accesorios es el camino más saludable para convertirte en dueña absoluta de tu propio look. Lograr una apariencia que te muestre atractiva y con carácter es un viaje personal lleno de muchas historias. El sentido común y el de la oportunidad son los más grandes a aliados a la hora de decidirse por determinado conjunto o por tal o cual accesorio.

En este capítulo te damos las pistas definitivas para que todos los días luzcas maravillosa y, lo más importante, que todos conozcan tu estilo más personal.

Tres preguntas que hacerse ante el clóset: ¿Cómo?, ¿cuándo? y ¿dónde?

"No tengo ropa".¿Te suena esta queja? O más bien "no tengo nada que ponerme para este evento". La solución es clara como el agua: comienza por conocer tu clóset. Si de verdad sabes qué contiene, no te debe sorprender que puedas combinar esas prendas clásicas con otras nuevas y armar nuevos conjuntos. Explorar tu creatividad es la mejor manera de sorprender y de acertar.

Evidentemente, hay ocasiones para las que lo mejor es tener las reglas claras. Vamos a comenzar por ellas.

Para una entrevista de trabajo

En la entrevista de trabajo tienes dos objetivos: el primero es sobrevivir a la entrevista (y a las mariposas en el estómago) y el segundo es obtener ese trabajo con el que sueñas. El primer consejo es: Usa algo cómodo, elegante (sin excesos) y que no se arrugue. Es muy importante que lo que llevas no te genere problemas, pues te debes concentrar en tu discurso y no en tu aspecto.

A lo mejor tienes que ser un poco más conservadora de lo habitual. Un traje de pantalón muy bien cortado puede ser estupendo, pero, contrario a lo que muchas piensan, no es la única posibilidad. Lo puedes sustituir por una falda lápiz y una linda camisa unicolor o con estampado discreto.

Unos buenos tacones son casi indispensables: con cualquiera de las posibilidades lograrán el mismo efecto. Pero es importante que no sean demasiado altos ni demasiado llamativos. Inclínate por lo clásico.

Los accesorios no deben ser muy llamativos. Sin embargo, siempre es bueno llevar una pieza que te identifique.

Dato

No importa si te sientes "sobre vestida". Siempre es mejor eso que ir muy casual, porque tienes que inspirar respeto.

El cabello debe ir bien peinado y fuera de la cara, y antes de salir te recomiendo que te mires en el espejo (con más atención que de costumbre).

Trata de visualizarte en el lugar de trabajo, para que tu estilo no choque con él. No te pongas algo que nunca usarías porque se notará inmediatamente. Si te ves más formal que la persona que te está entrevistando, no te preocupes. Él o ella ya tienen el trabajo, tú no.

Cómo vestirse para buscar trabajo en:

• Oficios tradicionales (negocios, derecho, medicina). Debes ir muy conservadora. Así darás la impresión de que sabes hacer bien tu trabajo y sobre todo, de que eres una mujer segura y eficiente.

• Ocupaciones creativas (periodismo, publicidad, galerías de arte, multimedia). Tu estilo propio es más importante en estos trabajos. Vas a ser contratada por tu talento creativo, así que vístete con tu gusto personal. Pero siempre piensa en grande.

• Labores orientadas al servicio (restaurantes, venta, recepcionista). Debes estar presentable y bien arreglada. Trata de seguir el estilo y sentido de la compañía donde buscas el empleo.

Dato
Los accesorios no deben ser muy llamativos y, por supuesto, el maquillaje debe ser más acentuado para sacarte el mejor partido.

• Trabajos de relaciones públicas y televisión. Usa ropa cómoda y que te quede bien. Aquí el manejo del color es muy importante. Los colores neutros como el azul marino y beige se ven muy bien en televisión, los colores oscuros siempre te adelgazan y el negro puede darte una buena definición. En cambio el blanco es demasiado brillante. En cámara, el rojo intenso crea una cierta deformación, aunque atrae la atención. Los colores como azul, magenta, bronce y verde son atractivos y amigables. El naranja y el amarillo brillante distraen la atención de tu mensaje y las rayas verticales te alargan la figura. Si usas lentes procura que no tengan brillo para que no se reflejen.

La pieza clave

Seguridad. Mírate
muchas veces en el espejo
antes de salir. Habla,
practica lo que vas a decir
para que te salga fácil.
Y no olvides sonreír.

Para el famoso "look casual"

Esta herencia del más puro estilo norteamericano no significa que todo vale. Tampoco tiene relación con tu posición económica, ni con tu edad. Poco importa si eres rica o pobre, famosa o no. Estar cómoda y disfrutar del look casual no quiere decir que vayas a lucir desarreglada o a ponerte lo primero que encuentras. La clave es dar con lo justo y adecuado según tu tipo, algo cómodo pero *chic*.

Aquí hago un aparte para hablar de las famosas sudaderas. Siempre que puedas, elije un conjunto lindo para salir a despejar la mente, hacer ejercicio o ir al automercado. Son ideales para andar en la casa tranquila un domingo. Sin embargo, es muy difícil encontrar una que nos quede bien. En casa, es recomendable usar una sudadera en algodón blanco o unicolor con una camiseta. Las chaquetitas con capucha también valen y se pueden usar con jeans y zapatos de goma.

La verdad es que al vestirnos casuales tenemos la libertad de ponernos lo que queramos y divertirnos, pero siempre con estilo.

El domingo

Le comenté a mi amigo, el escritor Federico Vegas, que estaba haciendo este libro y me pidió que por favor hablara del atuendo dominguero femenino, sobre todo en casa. Este es el momento en que queremos estar súper cómodas, pero hay que recordar que tenemos al marido o novio en casa y que es éste es el día en que él no llega cansado del trabajo, sino que por el contrario quiere disfrutar de nosotras y con nosotras. Entonces, por favor, olvida la franela desteñida y el pantalón de cuerdita. Usa algo cómodo pero bonito y femenino. Ponte un poquito de maquillaje. Si tienes

18 años, puedes pasar el día sin nada, pero después de los treinta una crema humectante con color, las cejas bien peinadas, rimel, brillo y colorete son suficientes para verte sexy y natural.

Chic y casual

Es el momento en que vas al cine, a comer al pequeño restaurante de la urbanización, o a la casa de unos buenos amigos. Yo me pongo pantalón para casi todos estos eventos, también puedes ir con tus jeans favoritos y un top diferente y divertido. Aquí los zapatos juegan un papel importante. No se te ocurra ir en cholitas o *flip flops*.

Una opción ideal son los vestidos porque son fáciles y cómodos. El típico vestido de corte cruzado, invento de Diane Von Fürstenberg, es muy versátil. Un vestido de color alegre puede darle energía a tu look.

A mí me gusta que los tops tengan texturas o algo divertido y, si la invitación es un poco más elegante, mi opción es un pantalón de seda *charmouse* gris con un top descotado y un suéter a tono, con un collar divertido y una cartera tipo sobre, de cuero y en algún tono contrastante.

No hagas mucho esfuerzo

Parafraseando a Yves Saint Laurent, la elegancia es olvidarse de lo que uno lleva puesto. Así que no hagas mucho esfuerzo por verte estupenda. O, al menos, que no se note.

Todo depende de los accesorios, con ellos puedes hacer el atuendo más elegante. No dejes las cosas lindas que tienes un tu clóset para ocasiones muy especiales. Úsalas con tu look casual y disfrútalas.

Para un coctel

Si vas de coctel significa que deberías lucir un lindo vestido corto, algo femenino y diferente, pero que tenga alto impacto. Si tu estilo es de pantalones, también es válido. En realidad, para un coctel cualquier prenda de vestir que tengamos en el clóset se nos vuelve útil, especialmente cuando abrimos la gaveta de los accesorios para complementar la vestimenta según la invitación.

Entre las tantas opciones que hay, voy a nombrar algunos trajes que son indispensables. No puede faltar el típico vestido negro, estilizado y sencillo. Mi traje de coctel favorito es uno negro de Yves Saint Laurent de medio hombro. Ya tiene veinte años en mi clóset, pero siempre que salgo con él recibe muchos halagos. Lo uso con diferentes accesorios: a veces me lleno de perlas y otras no me pongo collar sino que uso zarcillos largos.

Un traje sastre-pantalón color blanco "marfil" puede ser muy sexy. Realmente las mujeres se ven estupendas, y es una buena inversión. Un buen pantalón negro, así como una falda lápiz o con un poco de movimiento son infalibles.

Con todas estas prendas de vestir se puede jugar dependiendo de la ocasión.

Dato

Las prendas de vestir unicolores son más fáciles de combinar, aunque un bonito y discreto estampado nunca está de más.

Para un coctel menos formal, combinamos cualquiera de las opciones anteriores con unos zapatos de tacón beige y negro tipo Chanel, un prendedor, una cartera de cualquier color y obtenemos una combinación sencilla y elegante a la vez.

A los mismos trajes les agregamos un bonito collar (que pueden ser de perlas, corales, o alguna cadena), le combinamos unos zarcillos y alguna pulsera, una cartera, unos zapatos más de vestir y estamos listas para cualquier tipo de coctel. Los accesorios no tienen que ser joyas auténticas. Hay maravillas en fantasía.

Dato

Los vestidos muy formales y los peinados elaborados están passé. Tienes que verte bella sin esfuerzo. "Relajada": ese es el mensaje que debes mandar.

Un coctel más formal no significa que tienes que ir como una lamparita: toda armada, brillante y adornada. Los vestidos pueden ser con encajes y transparencias –discretas– y cortes arquitectónicos y asimétricos, pero recuerda que lo moderno es el glamour poco hecho. Demasiado arreglo puede ser fastidioso y te pone más años.

Etiqueta

En mi carrera he tenido la oportunidad de ponerme vestidos largos de infinidad de diseñadores así como los diseñados por mí. Mis vestidos largos más exitosos fueron blancos, negros y el rojo Valentino. Estos tres colores siempre me hicieron sentir muy especial y eso es lo que queremos en una gran noche.

Para comprar un vestido largo, o mandarlo a hacer, lo más importante es que consideres la forma de tu cuerpo, lo que te favorece y lo que debes resaltar o disimular. La mejor opción es la que te queda bien y no la que está de moda. No tenemos que enseñar todo lo que la naturaleza nos dio para vernos sexies y elegantes. Al contrario, es mucho mejor y más atractivo sugerir que mostrarlo todo.

Los bordados deben ser muy bien pensados para que no te hagan parecer un dulce abrillantado. Recuerda que si el vestido es muy aparatoso nunca será elegante. Para tener un look perfecto necesitas involucrar no sólo el vestido sino también el zapato alto, unos bellos zarcillos o alguna otra pieza de joyería, así como la cartera. Estar perfecta significa cuidar todos los pequeños detalles.

Nunca olvidemos el peinado y el maquillaje, que deben ser muy especiales e ir a tono con el vestido. Es todo una cuestión de estilo, estrategia y mucho de sinceridad contigo misma. Para verte glamorosa tienes que esforzarte sin que se note.

Un buen cuento

Historia con vestido y príncipe

Recuerdo un vestido blanco de Guy Melliet (el más grande *couturier* que ha tenido Venezuela), que me hizo para una cena en casa de Carolina y Reinaldo Herrera, en honor al príncipe Carlos de Inglaterra. El vestido era un sueño en gazar blanco, todo recamado en pequeñas plumitas blancas y cristales de Swarovsky. Cuando me movía, las plumitas también se movían y el efecto era increíble. Esa noche, mi esposo Federico y yo salimos un poco tarde de la casa rumbo a La Vega (la casona maravillosa de los Herrera, la más antigua y bonita de Venezuela) y nos perdimos en el camino. Cuando finalmente llegamos a la hacienda, el mesonero nos anunció que ya estaban sentados a la mesa. Corrimos por los enormes corredores de la casona hasta llegar al comedor.

Yo estaba que me moría de la pena. Era una falta total de cortesía y educación, sobre todo para el conservador príncipe. Allí estaba la reina madre Mimí, bellísima pero de piedra, y con toda la razón. Yo ocupé mi puesto tan rápido como pude, y por supuesto, el príncipe, con su humor inglés, empezó a hacer bromas y a decir que los pájaros del trópico eran bellos y exóticos, pero que nunca llegaban a tiempo y cosas por el estilo.

Lo peor fue que cuando nos levantamos de la mesa me di cuenta de que de tanto correr, había dejado la mitad de las plumas de mi vestido en los corredores. Y terminamos todos riéndonos muchísimo sobre el incidente. Lo cierto que es que un vestido maravilloso no debe poseer a la dueña, sino todo lo contrario.

Para una boda

Lo primero que tienes que hacer es leer muy bien la invitación para que no te lleves un chasco. Si es de etiqueta y no estás vestida acorde a la ocasión, te sentirás incómoda y no será nada divertido. Si la invitación es sin tarjeta, pregúntale a la novia cuál será la vestimenta requerida.

No te vistas de blanco, porque es muy probable que a la novia no le guste.

Si la boda es de noche, puedes vestirte muy elegante. Etiqueta significa traje largo o un smoking femenino que también es muy apropiado.

Si es tipo coctel lo ideal es un elegante traje corto, pero también puedes ir con un bello conjunto de pantalón.

Etiqueta para los obsequios

A la hora de regalar, lo mejor es preguntar, discretamente, dónde se ha reservado la lista de bodas.

Si, por el contrario, la fiesta es de día, el vestido debe ser más suave, con telas ligeras y vaporosas. Si es en la playa, puede ser algo muy fresco y seductor y puedes ponerte algo de lino o en tejidos naturales y con los colores de la isla o la playa donde se celebre. Lo ideal es que uses unas lindas sandalias. Si es propiamente en la playa, junto a la arena, los zapatos deben ser sin tacón.

Toma en cuenta que siempre hay mucho viento y puede hacer calor. Esto es determinante para elegir tu peinado y maquillaje.

Cuando viene la cigüeña

Además de estar emocionada por tu nuevo bebé y tener una infinita lista de cosas que comprarle al pequeñito, también tendrás que actualizar tu clóset con piezas versátiles que se adapten a los drásticos cambios que tendrás. Lo que necesitas no es esconder, sino buscar la manera de sentirte cómoda con tu apariencia.

No tienes que comprar mucho ni invertir grandes sumas en ropa, sino pensar en ideas que refresquen tu look y que sean cómodas. Lo que te compres no debe ser ropa grandísima o muy ancha, porque te hará parecer como una tienda de campaña y no es precisamente lo que necesitas en ese momento.

Camisetas un poco más grandes de las que usas normalmente, suéteres más largos y buenos jeans de maternidad te servirán con todo. Cuidado cuando los compres: procura que no sean amarrados a los tobillos.

También puedes transformar tus jeans favoritos: sólo tendrás que cortar donde van los bolsillos y poner allí tela elástica. Los pantalones de franela o lycra los puedes acompañar con algún top simpático y te servirán durante los nueve meses de embarazo.

Dato

Tendrás que abstenerte de tus adorados tacones por un tiempo y las bailarinas, mocasines y zapatos de goma serán tus aliados durante esos meses.

Los ponchos son una buena solución para cuando estés más avanzada. Esconden la barriguita y te dan más espacio. Si te haces uno en *creppe* de un tono oscuro te servirá para un coctel en la noche. Recuerda enfatizar tu rostro, generalmente tenemos

Un regalo para la mamá

Cuando vamos a conocer a un bebé, siempre llevamos algo para regalarle. Pero ¿y la mamá? Un excelente regalo para una futura madre o amiga que acaba de dar a luz es un accesorio.

mejor pelo y un brillo lindísimo en la piel y en los ojos. Usa accesorios cerca de la cara: zarcillos y collares; son una buena alternativa, no tienen que ser costosos pero sí divertidos para que distraigan la atención de tu barriguita.

Otra cosa que cambia durante el embarazo es el busto: en forma y en tamaño. No es el momento para andar descotadas, cosa que me parece totalmente inapropiada. Lo que necesitas es un buen sostén de maternidad, que es esencial para que te dé el soporte necesario.

Mamá sexy

Mientras estás embarazada, ésta no es una buena combinación. Recuerda que estás esperando un bebé. Guarda los escotes para cuando el bebé haya nacido y los kilos se hayan ido.

Otro no. No, ¡No! Es un top corto con la barriguita al aire: es una exposición innecesaria. Para verte glamorosa puedes usar una chaqueta con un lindo top que te dé libertad de movimiento.

Tips para llevar una barriga con orgullo

• Es el momento de consentirte a ti misma. Cada vez que te bañes, masajea tu piel con una deliciosa crema humectante, así evitarás las estrías.

• Por favor, no te cortes el cabello ni alteres su color, porque ya vas a tener suficientes cambios en tu cuerpo y te vas a ver rarísima.

• Lo que necesitas son tops de corte imperio, vestiditos cortos de algodón, pantalones de cuerda en la cintura, jeans de maternidad o adaptados, tus chaquetas de siempre, unos lindos ponchos, buenos sostenes de maternidad y zapatos confortables.

Para viajar

A mí me encanta viajar. Es lo que más me gusta. No tanto por los lugares bonitos y exóticos, sino por la experiencia cultural y enriquecedora. Y también están los viajes de trabajo, que siempre te dejan algo. Así que me he dado cuenta de que hay que ir muy cómoda pero, como siempre, con buen estilo. Aunque el viaje sea muy largo, por favor, no vayas en sudadera. Claro que tienes que ir cómoda pero arreglada.

A mí me resulta muy útil para viajar una camiseta negra con un lindo jean y un suéter de *cashmere* negro cuello tortuga, con cuello en V o un blazer, y, por supuesto, con zapatos bajos. En los viajes, los tacones están fuera de lugar. Yo uso unos zapatos trenzados por si el pie se hincha un poco. Y ten en cuenta que hoy en día es muy común que te hagan quitarte los zapatos en los aeropuertos, así que unos cómodos, que entren y salgan con facilidad, serán buena opción.

Para cubrirme siempre llevo a mano una pashmina o *shawl*, porque tanto en el avión como en los aeropuertos el aire acondicionado puede ser helado.

Tip
Ponte cosas que te puedas quitar, en caso de que llegues a tu destino final y esté haciendo calor.

En cuanto a los accesorios, un par de zarcillos, una linda cadena y por supuesto tu reloj, es más que suficiente. Recuerda que el mundo se ha vuelto un lugar muy inseguro y los aeropuertos son el lugar favorito de los ladrones para observar a la gente. Además, si tienes, no olvides un pañuelo de seda y y unos lentes oscuros.

Con respecto al cutis, te sugiero que, si el viaje es largo, uses una humectante y recojas tu cabello, para que cuando llegues puedas reaplicar el maquillaje y estés como nueva.

Los básicos para viajar

- Un estuche para guardar el pasaporte, el pasaje y los recibos.
- Un calendario, libreta y pluma para anotar los buenos tips, los encargos familiares y tu lista personal.
- Un IPod con tu música favorita.
- Una cámara digital.
- Humectante, crema de ojos, cepillo de dientes y crema dental.
- Caramelos de menta.
- Material para leer como libros y revistas.
- Tapaojos o antifaz y unos tapones para el ruido.
- Tu agua de colonia favorita en un frasquito pequeño para refrescarte.
- Gotas para los ojos.
- Un pequeño espejo de aumento.
- Una bolsita transparente con el maquillaje esencial.
- Medias por si el avión se pone muy frío.

En la playa

Es el lugar perfecto para dejar el pelo suelto, andar descalza –que le hace mucho bien a los pies– tomarte una piña colada y disfrutar, pero sin perder el glamour. Aquí la clave es que todo se vea bien pero sin mucho esfuerzo.

Todas queremos vernos como **Ursula Andress saliendo del agua con su bikini blanco con cinturón en la película** *Doctor no* **de James Bond.** Ella me confesó que ese bikini lo confeccionó ella misma cuando estaba en Jamaica, porque no encontraba nada que le gustara.

Parece mentira, pero el bikini ayuda a mejorar la forma del cuerpo. Es una pieza divina, que te permite tomar el sol de manera integral, y no hay nada más sexy que un cuerpo bronceado.

En Venezuela hay muchas compañías que hacen trajes de baño originales y lindos y los brasileros son únicos (pero bien chiquitos). Al escoger un bikini debes tener cuidado, si tienes lo que se llama un "trasero muy grande". Y te hago una advertencia en nombre de la humanidad: ¡Por favor, si no tienes el cuerpo de Gisele Bündchen o Kate Moss no uses el hilo dental!

Una buena opción para variar con los bikinis es combinar la parte de arriba y la parte de abajo con diferentes colores. Los que son tipo short o faldita también son muy sexies. Hay que probar varios modelos, con calma. Los trajes de baño hay que probárselos completos y verse muy bien por delante y por detrás. Toma en cuenta que los probadores tienen muy mala luz, y que siempre tienes que probártelos con la parte de debajo de la ropa interior. Te recomiendo que te los midas de nuevo cuando llegues a casa.

Dato

En un traje de baño lo más importante es la calidad de la lycra.

El traje de baño entero favorece a todos los tipos de cuerpos, y a los hombres les encanta. Yo nunca he dejado de tener uno negro, que estiliza y además es muy *chic*; y uno blanco para cuando estás bronceada, que siempre se ve estupendo. Con éste te hago una advertencia: ojo con la transparencia. Cuando se moja, se ve fatal. Los trajes de baño tipo años ochenta, subidos en la pierna, nunca ayudan al cuerpo, porque hacen el torso corto. El tipo *halter* ayuda a las personas que tienen mucho busto, y también es importante que la copa les sostenga bien.

Tip
Las rayas siempre se ven muy bien debajo del sol.
Como en todo, hay que probar.

En cuanto al color, los tonos brillantes y los estampados son perfectos cuando eres muy joven. Después de los cincuenta, te ves mejor con colores clásicos, como marrón, negro, azul marino o blanco. Lo ideal es tratar de igualar el tono de piel. Si eres de piel oliva, como yo, los olivas, marrones, negros y el blanco te favorecen, al igual que el naranja y amarillo, por contraste. Si eres más blanca, los colores llamativos te quedan mejor. Azul turquesa, naranja, verde jade y marrones te quedarán bien. Evita los tonos pasteles porque se perderán con tu piel.

Para estar glamorosa los tonos metálicos son increíbles, pero no para hacer ejercicio sino para estar alrededor de la piscina. El traje de baño no debe ser muy grande porque se arruga atrás y no favorece, y tampoco muy chiquito porque te verás más gorda. Sobre mi bikini siempre uso un *kaftan* marroquí que usualmente compro en las tiendas étnicas, con una tonelada de pulseras de madera o plásticas. Es un look un poco sesentoso, pero me encanta. También están los vestiditos de algodón o las camisas indias. En las playas de la isla de Margarita consigues maravillas.

Unos lindos shorts con una camiseta de rayas, muy a lo *riviera* francesa y, por supuesto, el pareo o sarong son esenciales. En la playa puedes jugar con un atuendo *flirty*, coqueto pero no muy preparado.

¿Qué llevar a la playa?

- Un lindo sombrero
- Un buen par de lentes
- Una cesta de paja o una cartera de lona o plástico
- Toneladas de protector solar
- Una bonita toalla de playa
- Y, para mí, es esencial un buen libro

Otros datos indispensables:

• Cuando vayas a la playa recuerda que estar bien depilada o rasurada es esencial.

• La piel hay que cuidarla. Te recomiendo exfoliarte antes y aplicarte mucha crema humectante. Así obtendrás un bronceado más lindo y parejo. Si no tienes exfoliante usa aceite de comer con azúcar, es una receta excelente.

¡Un no rotundo!

Las tobilleras o brazaletes en los pies, que abaratan tu look.

• Por favor, usa protector solar varias veces al día, y al salir del sol una buena humectante. No querrás tener la cara como una poltrona de cuero vieja.

• Es importante cuidar tu cabello, porque el sol, el agua salada y el cloro acaban con él. Un buen aceite protector es indispensable y, cuando puedas, tápalo con un lindo pañuelo o sombrero. No querrás terminar con el pelo seco y sin brillo.

Para el frío invierno

Si hay algo desagradable en la vida es sentir frío. Sobre todo cuando uno viene de un país tropical como éste y no está nada habituado a enfrentar temperaturas bajas. Cuando te toque enfrentarte con el frío, sigue estas reglas básicas.

• Una pieza clave es el suéter, de lana o de *cashmere*, que no abulta, es bonito y muy calientito. Los suéteres deben ser ceñidos al cuerpo o gruesos y anchos. Generalmente es recomendable ponerse dos, uno delgado abajo y uno grueso sobre éste.

Pareos de última hora

La boda más exótica y excitante en la que he estado fue en los Mares del Sur, en la isla de Tahití. Después de recorrer medio mundo con mis amigas, Ella y Milagros, llegamos a la isla Papeete, la capital de Tahití, para la boda de la hija de nuestra querida amiga Marie Tapare, una tahitiana escultural que en su buena época fue Miss Tahití y está casada con Tony Tapare, un actor muy famoso que participó en la película *Motín a bordo* con Marlon Brando.

Recuerdo que la casa de Marie tenía como fondo una hermosa bahía en cuyo atardecer podías ver a las ballenas y a los delfines. Bajo este marco deslumbrante, los hibiscus salvajes, las palmeras, los helechos y la flor nacional, -una orquídea endémica llamada Tiare, blanca y muy perfumada- decoraban la boda. Era salvajemente romántico. Sin embargo, lo más emocionante fue la imborrable visión de ver a la novia llegar en un catamarán inundado de flores Tiare, sentada en su trono con una falda trenzada de palmas y una corona y bustier de conchas de nácar y flores. La bellísima novia, primera bailarina de la Compañía Nacional de Danza de Tahití, y sus damas de honor estaban todas ataviadas a la manera tahitiana

y con los pies descalzos. Así llegaron a la orilla, donde las esperaban el grupo masculino de la compañía de danza, con sus atuendos y lanzas, llenos de tatuajes, que además de ornamentales son muy simbólicos. Allí comenzó un baile ceremonial, el ritual más sensual que yo haya visto en mi vida, creo que quedé hipnotizada con el movimiento de las caderas y la lujuria tropical. Bajo cimbreantes cocoteros se efectuó la ceremonia del matrimonio, y allí estaban las matriarcas, todas con coronas de Tiare, collares de flores y hermosos pareos, desnudas de la cintura para arriba.

Nosotras, que habíamos llevado atuendos occidentales nos dimos cuenta, a última hora, de que no eran los más apropiados. Así que la misma mañana de la boda nos fuimos al mercado central –maravilloso por su colorido– nos mandamos a hacer collares y coronas de hermosas flores y compramos nuestros respectivos pareos que atamos de forma tal que nos cubriera la parte de arriba. Nos reímos muchísimo pero no queríamos parecer las típicas turistas. La verdad es que nunca olvidaré la experiencia en este paraíso tropical.

Un buen cuento

La gran moraleja: siempre hay que observar bien el entorno para no desentonar y tener capacidad de reacción con humor y mucha imaginación

• El color es muy importante, porque las cosas de invierno abultan. Siempre debes seleccionar colores neutros, como negro, marrón, gris y crema. Los colores oscuros son mejores porque no se ensucian tanto. Quizá puedas alegrarlo con una bufanda o algún suéter de color para combinar.

• Una chaqueta de cuero forrada en lana puede ser una buena opción y la puedes comprar vintage.

• La pieza más importante es el abrigo. Es necesario que sea lo más caliente posible, porque no importa si es bello y está a la moda, si no cumple su función de mantenerte caliente; no funciona. En el abrigo puedes gastar un poco más porque lo usarás todo el tiempo. A la hora de escoger, prefiere los minimalistas y clásicos, que tengan un lindo cuello porque será el marco de tu cara, y cuidado con los zarcillos muy largos: con un abrigo rara vez se ven bien.

• Lleva siempre jeans gruesos, un pantalón negro de lana, una falda de lana que combine con el abrigo, medias panty de lana gruesa (en un color oscuro o negro) y también empaca unos lindos guantes de cuero, preferiblemente forrados.

• En cuanto a la cartera, lo mejor es que no tenga asas muy anchas porque no se verán bien con el abrigo. No te olvides de llevar un sombrero para cubrir tu cabeza, un par de zapatos cómodos con suela de goma para la lluvia y la nieve y, por supuesto, un par de botas que vayan a tono con tu abrigo.

Administra el color

No abuses de los tonos de invierno porque suelen ser aburridos. Preocúpate siempre por darle un toque de color a tu atuendo. La bufanda, el sombrero, los guantes... algo.

¿Qué NO me pongo?

Podría escribir y escribir sobre muchas de las tonterías que se han cometido en nombre de la moda. Lo que muchas mujeres olvidan es que por muy extrema que sea la tendencia, hay que ser razonables y, sobre todo, sensibles ante lo que decidimos usar. No podemos olvidar que la elegancia es una evolución natural basada en el sentido común.

Hay que entender que muchas cosas están diseñadas para la publicidad de una marca, para las pasarelas, para el cuerpo escultural de las modelos y puede que haya piezas que se vean muy llamativas y bellas, pero nunca elegantes.

La llave de la elegancia no existe. Si fuera tan sencillo, las mujeres podrían comprarla y ninguna se preocuparía por cómo luce. Pero la simplicidad y el buen gusto no se compran. Ahora bien, siendo prudentes y observadoras se puede llegar a un balance donde todas salgamos favorecidas. Si no tenemos en cuenta adónde vamos y cómo vamos a lucir en el contexto, estamos perdidas y lo más seguro es que nos equivoquemos. Por eso, antes de vestirse, a pensar.

La lista de los
NO

1 Tobilleras, anillos en los dedos de los pies y piercings en la nariz.

Usar sandalias sin pedicure. 2

3 Camisas tan apretadas que parezca que los botones van a salir volando.

Vestirse de adolescente después de los 40. 4

5 Pasarte de la raya con el escote.

Monogramas de marcas. No es elegante 6 ser una publicidad ambulante.

7 Demasiado maquillaje.

Trasparencias en la barriga o enseñar el ombligo 8 (a menos que estés en la playa).

9 Mostrar la tira del sostén o la tanga.

Sandalias con medias. 10

11 Medias negras con zapatos blancos y viceversa.

Una boina blanca. 12

13 Zapatos de goma con vestido coctel.

Imitar a Paris Hilton. 14

15 Ropa demasiado ajustada que nos marque los rollitos.

Zapatos que tengan el tacón pelado. 16

17 Minifaldas con leggins.

Algunos mitos
que hay que derribar

• *Las prendas voluminosas minimizan la figura y "disimulan".*
FALSO. El estilista Lloyd Boston dice que "cuando añades tela
de más estás añadiendo también peso visual". Las prendas que
se adaptan a tu cuerpo, sin apretarlo, son la opción correcta. Aún
con kilos de más.

• *La alfombra roja nunca se equivoca.* FALSO. De hecho, ha sido
en la alfombra roja donde se han perpetrado muchos de los "crí-
menes más sonados" de la moda. Presta atención a la forma en
la que se visten las estrellas que te gustan y estudia sus looks
en lugar de copiarlos al pie de la letra. Toma nota de las características del vestuario de una estrella porque de alguna manera
te dicen algo a ti (porque se parecen en el cuerpo, en el color,
en edad) y no simplemente porque se trata de una "estrella".

• *Las "buenas imitaciones" parecen originales.* FALSO. Las imitaciones son malas y, en muchos países, ilegales. Si usar un monogra-
ma original es un NO, imagínate en qué categoría puede quedar uno
de imitación. Presta mucha atención a la etiqueta de lo que estás
comprando, porque podría tratarse de una imitación de mala calidad. Es mejor comprar directamente en las tiendas de las marcas.

• *Todo tiempo pasado fue mejor.* FALSO. Si estás "pegada" con el
corte de pelo que tenías cuando tu esposo te pidió matrimonio,
la figura que tenías cuando entraste a la universidad, el largo
de la falda de cuando tenías lindas piernas o los zapatos que
usaste después de que nació tu primer hijo, hálate tú misma
una oreja. Es cierto que hay clásicos que siempre te quedarán
bien, pero debes honrar a la persona que eres ahora.

• *Comprar por marcas garantiza un buen look.* FALSO. Una mujer con estilo sabe comprar ropa que le quede estupenda en una tienda de diseñador y también en una tienda de ropa casual y económica. El sentido común es tu mejor arma.

• *Si me gusta, me queda bien.* A estas alturas ya debes saber que es FALSO. Debes vestirte con la cabeza, no con el corazón.

• *Si compro ropa que me queda pequeña, voy a rebajar unos kilos para poder ponérmela.* FALSO. Si compras ropa que te queda pequeña, te va a quedar pequeña. Acepta tu talla y compra ropa que te quede bien.

Un buen cuento

Como Chanel en un almuerzo de Dior

Una vez en París me invitaron a un almuerzo para celebrar los 40 años de la casa Dior, de la que era licenciataria del *Pret a porter* femenino. Esa mañana, había salido muy temprano a trabajar y me había vestido con un blazer negro, camisa de seda, una falda *pied de poule* con los emblemáticos botones de Chanel, y unos zapatos bicolor beige con punta negra. O sea, estaba vestida de Chanel de la cabeza a los pies. Cuando llegué al sitio del almuerzo, la directora de protocolo de la casa Dior me dijo que me tocaba sentarme en la misma mesa de Marc Bohan, el distinguido diseñador de la firma. Inmediatamente me di cuenta de mi error garrafal, pero ya era muy tarde para solucionarlo. No podía ir a cambiarme. Así, me vi sentada a la derecha del diseñador de la casa Dior, con la que yo trabajaba en Venezuela, vestida completamente de Chanel. Yo apurada me tapaba con la servilleta y el menú, y permanecía muda. Al rato, no pude más y entablé una conversación con el diseñador, que, justamente el día antes, había presentado su colección y estaba feliz. Yo le comenté que me había parecido "la mejor colección", "refinadísima", "estupenda" y todos los adjetivos que pude. Él me miro de arriba a abajo y me dijo que si yo amaba tanto lo que él hacía, ¿por qué estaba completamente vestida de Chanel? Para salir del aprieto le dije que, como era huésped en casa de una amiga mía y me había levantado muy temprano, me había equivocado y me había vestido con su ropa. Marc Bohan se rió muchísimo y yo, finalmente, respiré. El título de este capítulo me recordó que el sentido de la oportunidad es un valor tan importante como lo es seleccionar una chaqueta para protegerte del frío o un traje de baño para ir a la playa

Giambattista Valli

¿Qué debe tener una persona en su clóset para ser feliz?

Muchos elementos de sorpresa, por ejemplo: fui a una cena en Londres y me encontré con la modelo española Astrid Muñoz que tenía puesto un vestido amarillo y *stilettos* rojos de patente. A eso me refiero: tener en el clóset piezas con las que puedas sorprender.

¿Cuáles son los diseñadores que han influenciado tu carrera?

Muchas cosas han influenciado mi carrera. Mis diseños son como un rompecabezas que yo armo para crear un estilo que quede en el tiempo, pero debo reconocer ciertas influencias de la época del Studio 54, Andy Warhol y Halston. También el hecho de ser romano hace que mi gusto sea muy ecléctico.

Diseñador romano que ha trabajado para las casas Fendi, Krizia y Ungaro. Entre sus clientes más conocidas están Victoria Beckham y Mischa Barton

ELLOS dicen...

FOTO: CORTESÍA GIAMBATTISTA VALLI

Tu paleta personal

Colores como acentos

Escoger los tonos correctos para cada ocasión hace la diferencia

Los colores son maravillosos y pueden ser tus aliados incondicionales, si sabes escoger los los correctos.

Lo primero que hay que saber es que los colores necesitan cambios. Hasta el tono más bonito, si lo usas todos los días, pierde su efecto.

No apreciaríamos el azul del mar si siempre fuese el mismo. Lo interesante es que está en constante cambio y eso lo hace, ciertamente, especial.

Dato

Puedes cambiar el look de tu ropa usando los colores como acento. Un pañuelo rojo o magenta, un shawl de tu color favorito o una cartera y unos zapatos...

Si tienes un guardarropa pequeño, los básicos deberían ser de tonalidades neutras y los accesorios de colores fuertes. Un vestido de color intenso puede ser muy alegre y atractivo, pero te cansarás rápido de él y no lo usarás tan a menudo como uno negro, azul marino o color arena que, con accesorios que lo realcen, vestirás mucho más.

Los colores pueden ser brillantes como el rojo, amarillo, azul, verde, morado y las variaciones de estos como el magenta, lila y naranja; o neutros como el beige, blanco, gris, azul marino, que se pueden usar todos los días.

Lo que siempre funciona es mezclar piezas de color con tonos neutrales. Así las convertimos en algo más vibrante. Por
ejemplo, una camisa floreada y un cardigan de un color sólido
brillante con un pantalón de tono neutral se verá estupendo.

Si te encanta la combinación azul marino y blanco, le puedes
dar acentos con amarillo limón, fucsia o morado y tendrás un
look especial.

A la hora de comprar, debes seleccionar de acuerdo a tu propia
paleta de colores. Si vas a adquirir algo costoso y de calidad,
te sugiero los neutros. Las combinaciones son ilimitadas, lo
que sí debes tomar en cuenta son los colores que te favorecen.

Un color para cada color

Si eres rubia o castaña clara, con la piel muy blanca, te quedan muy
bien los colores fríos, particularmente los que tienen azul o rosado
de tono base, como gris azulado, beige con fondo rosado, colores
de alto contraste y, por supuesto, el negro y el blanco hueso.

Si eres rubia o castaña con piel dorada, los morados, azules y rosas no son para ti. Por el contrario, los marrones cálidos, dorados,
verdes, amarillos pálidos, los tonos nude y todos los neutros te
quedarán estupendos.

Agarra dato

Cuando hojees una revista, si ves una chica que tiene color
de piel y cabello parecidos a los tuyos, presta atención a lo
que lleva. Es un buen punto para empezar tu paleta personal.

Si eres pelirroja pálida, los colores caqui, verde, bronce, naranja,
durazno y rosado, incluyendo el terracota, te quedarán excelentes.

Si eres de pelo oscuro y piel pálida, el gris frío, el negro, el plata, el ciruela, el fucsia, los rojos vivos y toda la gama de uvas serán tu fuerte.

Si tienes la piel oliva o dorada y el pelo castaño oscuro, los tonos cálidos son los mejores, desde el verde, pasando por todos los tonos hasta llegar al ocre, los marrones chocolate, los rojos tierra, los beige, caqui, naranja y uva. Como tu piel tiene mucho amarillo evita los tonos rosa frío o azul fuerte, porque te verás desteñida.

Para la piel morena clara con el pelo oscuro es importante fijarse si tienes más tonos grisáceos que dorados. Eso significa que tienes una coloración fría aunque seas morena. Si este es el caso, en general, todos los tonos pálidos te quedarán muy bien. El rosa pálido, el azul cielo, los grises pálidos, los lilas y los tonos caramelo harán lucir tu color natural.

Si, por el contrario, tienes la piel morena con tonos dorados, los colores indicados para ti son los tonos tierra, beige, caqui, naranja y dorados, incluyendo el blanco y el negro.

No te aburras

No te vistas sólo de negro o de un único color. Al menos un detalle de otro color es clave para darte un toque divertido.

Si tienes la piel y el pelo oscuro los colores dorados, azul marino, ciruela, marrones, rojizos, rojos profundos y el blanco y el negro se verán genial. ¿Te sorprende?

Mi amiga Marva, la princesa *del Cayao*, que vive en Milano, se pone todos estos colores y se ve regia. Yves Saint Laurent siempre vestía a sus modelos negras con trajes de chaqueta azul marino, marrón o negro y lucían extremadamente *chic*.

El tono que manda

El crema y todos sus derivados crean una sensación de desnudez y suavidad que es muy elegante y romántica. Opta por los tonos un poco más claros o más oscuros que tu piel, nunca el más parecido a tu propio color.

Si tu colorido se ve bien en tonos marrones, te conviene usar los beiges; si se ve bien con tonos rojos, te convienen los cremas que tiran a rosado. Si por el contrario, tienes miedo a verte muy pálida, úsalos en pantalones o faldas y hacia la cara usa colores que te favorezcan más.

Negro absoluto

Ya del negro hemos hablado, pero es el color que más aporta por su versatilidad a la hora de combinarlo y lucirlo. Además, es elegantísimo, despierta prestigio, poder, fortaleza y determinación. Sin duda, es el número uno en el mundo de la moda.

Blanco y negro

La eterna dicotomía del blanco y el negro, aunque sean opuestos, es una combinación exitosa. Te harán lucir siempre sofisticada y moderna. En diseños gráficos o a rayas llamarán mucho la atención. Además, esta combinación es muy práctica para viajar porque funciona tanto de día como de noche.

Gris

Era el color favorito de Christian Dior. El gris siempre es sobrio, elegante y muy equilibrado. Es un color primordial para el invierno y en verano, combinado con blanco, es un ganador.

A casi todo el mundo le queda bien pero hay que saberlo seleccionar de acuerdo a nuestro colorido. El tono de gris adecuado para ti depende del tono de tus ojos. Si tienes los ojos azules, grises, verdes u amarillosos, un tono de gris claro será el adecuado. Si, por el contrario, tienes los ojos marrones o negros el gris oscuro te favorece.

Azul marino. Es el único color que compite con el negro, y es muy sofisticado. Una regla importante es que nunca te vistas toda de azul marino, porque parecerá que llevas un uniforme. Para darle vida combínalo con accesorios de otros colores.

Blanco. Para la noche no hay un color más bello. Si vas a una fiesta, este color sobresale. El blanco puro y simple combina con todo. Es mi color favorito. Si lo usas de día, debes tener mucho cuidado, porque es delicado y debe estar siempre inmaculado.

Marrón. Es un buen color oscuro, en especial para abrigos, trajes de chaqueta, pantalones y faldas porque es muy fácil de combinar. Junto con el negro, es el mejor color para los accesorios como carteras, zapatos y guantes.

Amarillo. Cuando no quieras pasar desapercibida, vístete de amarillo. Es luminoso, fresco y tiene mucha fuerza. Es perfecto para nuestro clima y, si estás bronceada, este color te hará lucir como un millón de dólares. Es el color más atrevido y tiene una gran gama de tonalidades que van desde el vainilla hasta el naranja. Escoge el que mejor te quede.

Rojo. Es el más vibrante y energético de la paleta. Me fascina en todo, hasta en la pintura de labios. En los trajes de noche, es uno de los tonos favoritos de los diseñadores de las actrices cuando van a la famosa alfombra del mismo color. Hay un rojo para cada tono de piel y para los accesorios es fantástico.

Rosado. Los tonos rosados son especiales para mimarte y subirte la moral. Es femenino y glamoroso, además, hace que tu piel luzca esplendorosa.

Verde. Es un color positivo y equilibrado; me encanta usarlo tanto en la ciudad como en el campo y es muy útil en accesorios. Últimamente, es un consentido de las pasarelas.

Azul. Es el color más romántico de la paleta. Transmite más paz y tranquilidad que ningún otro, y hay que ver cómo beneficia al cuerpo y a la mente, por lo que hay que usarlo a menudo. La variedad es inmensa: desde el azul oscuro tipo noche hasta el azul bebé, uno de los colores más lindos que hay. Y si tienes los ojos azules, éste es tu color. Todos son maravillosos y muy fáciles de combinar. En la playa, cerca del mar, se ven divinos. Cuando compres algo azul, fíjate bien que se vea igual bajo luz artificial que bajo la luz natural.

Morado. Es el rey de los colores, pero hay que usarlo con mucho cuidado, no es un color que rejuvenece y tampoco es muy alegre. Si eres suficientemente joven, puedes usar un traje morado y se verá fabuloso, pero tienes que tener la piel luminosa. Luce mejor en las mujeres morenas o en las muy rubias.

Salvajemente exótica

El estampado de tipo animal puede ser un accesorio por sí solo. Se parece al patente: viene y va por temporadas, pero uno no se cansa de él.

De leopardo, cheetah, cebra, avestruz, un detalle le puede dar un toque de misterio y *sex appeal* a tu look. Pero, como siempre OJO. Hay que saberlo usar.

Un vestidito negro con un accesorio de leopardo es súper chic. Un buen tip para combinar el *animal print* es usarlo como complemento para atuendos en los que el resto sea unicolor.

Un detalle, un cinturón, un *foulard* o quizá una cartera harán de un look sobrio algo exótico (pero solo "algo", ésa es la clave).

Tienes que tomar en cuenta que este estampado no adelgaza sino todo lo contrario. Una vez diseñé un vestido de gazar de leopardo. La falda tenía 30 metros, plisada soleil y era strapless.

¡Cuidado!
¡Un conjunto de leopardo con los zapatos y cartera del mismo estampado puede hacer que te confundan con un animal y te disparen!

Lo usó una Miss Venezuela que fue a concursar al Miss Mundo
en África y desde allí me llamaron para felicitarme por el vestido. La Miss medía 1.80 y se veía salvajemente fabulosa.

Dato para rugir
Los estampados de animales deben ser en colores neutrales:
blanco, negro, camello o caqui. Nunca uses el estampado
de colores como naranja, rosado, o amarillo. Estos los puedes
usar en la ropa interior pero nunca en prendas
que todos puedan ver.

Estampados

¡Alégrate! Los estampados son para disfrutarlos. Son muy femeninos, pero tienes que tener en cuenta que marcan una
temporada y pasan rápido de moda. Si tu objetivo es estar divertida y sexy, los estampados serán tus aliados. Además, te
darán un estilo fresco y relajado. Un estampado puede hacer
que un vestido de corte muy simple se convierta en un traje
especial que deja marca.

Los estampados son ideales para el verano, por eso se ven tan
lindos cuando el corte del vestido, top o falda muestra un poco
de piel. Un vestido largo *strapless* en un bello estampado puede ser un ganador, y en esto Oscar de la Renta es el maestro.

Combinados con otras prendas unicolores y mezclando texturas, puedes lograr un look muy interesante. Me encanta la
mezcla de estampados y colores que logra la casa Etro. Su
diseñadora, que es milanesa, es genial jugando con colores,
flores y bacterias.

Rayas

Las rayas son fantásticas. Si las usas verticales te adelgaza-
rán un montón. A mí me encantan las camisas de rayas que
son como de hombre. Son muy útiles para el día a día. En mi
clóset nunca faltan.

Tip
  Las rayas en la playa se ven estupendas.
  El estilo marinero es un clásico que no pasa de moda.

Las rayas horizontales pueden ser muy *chic* si se usan, por
ejemplo, al estilo Coco Chanel, quien las empleaba siempre en
blanco y azul marino, inspirada en los gondolieri de Venecia.
Pero ¡ojo!: las horizontales pueden engordar y acortar la figura. Nunca mezcles diferentes tipos de rayas. Úsalas en camisetas, faldas, pantalones e inclusive en un vestidito, pero recuerda llevarlas siempre con prendas de colores sólidos.

Lunares

Son adorables, elegantes, fáciles de llevar y casi siempre están
de moda. Lo importante está en la proporción, como en todo.
Los lunares pequeños son recomendables para figuras me-
nudas, y los grandes se ven fantásticos en una persona alta.

A mí, particularmente, me gustan los que tienen la base oscura. Recuerdo un vestido de Oscar de la Renta que me puse
para una fiesta de los diez años de Le Club, cuando quedaba
en Chacaíto. Era elegantísimo: todo en gazar negro con lunares
blancos en piqué. Cuando llegué a la fiesta, ¡sorpresa! **Carolina
Herrera tenía exactamente el mismo vestido**. Al vernos, nos dio
muchísima risa y, por supuesto, fue el comentario de la noche.

Silvia Tcherassi

¿Cuáles son las piezas favoritas de tu clóset?
Todo lo que hay en mi clóset me encanta y lo uso
mezclado entre sí y sin reglas. Pero, sin duda lo que
más se repite son mis camisas blancas.

¿Cuál es tu filosofía de la moda?
La búsqueda constante de un estilo original y propio, que refleje no lo que somos sino lo que queremos ser. Eso va más allá de la elegancia y el buen
vestir. Convierte a la moda en un ejercicio interac-
tivo, personalizado y dinámico, más que un conjunto de reglas y usos. Como diseñadora, trato de
buscar un equilibrio entre color, textura y volumen,
guiada más por la experimentación y la intuición.

**¿A qué mujeres tienes en la mente
a la hora de diseñar?**
Diseño para una mujer sin edad ni nacionali-
dad, que sabe lo que quiere y valora la calidad y
la originalidad. Es una mujer a la que le gusta la
moda y la vive, pero sin llegar a convertirse en una
fashion victim.

Diseñadora
colombiana. El
gobierno francés
le otorgó el título
de Caballero
de la Orden de
las Artes y las
Letras por su
aporte a la moda

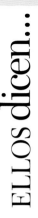

FOTO: CORTESÍA SILVIA TCHERASSI

Una nueva dimensión

Accesorios

Nada para
poner brillo en
tu atuendo como
estas golosinas
del look

Basta una mirada a las tendencias de moda para calcular la nueva dimensión que tienen los complementos en la apariencia personal. Los accesorios son, por derecho propio, los protagonistas rotundos de tu estilo.

El accesorio más importante es la confianza en ti misma. Tiene que ver con tu personalidad, con el carácter, con tu actitud ante la vida, el cómo te mueves, cómo caminas, ese aire de seguridad que tienen algunas mujeres que las distinguen de las demás.

La belleza no lo es todo, aunque en un país como el nuestro cueste creerlo. Yo prefiero una mujer con un físico poco atractivo que tenga algo que decir a una mujer bella que no tenga ningún carisma. Es la manera en que luces un broche o cómo te anudas un pañuelo. Mi hija Andrea, a quien le encanta andar cargada de accesorios, se ve siempre estupenda. Pero como todo, los accesorios se ven bien dependiendo de la proporción.

FOTO: MEMO VOGELER

No es necesario tener muchos, pero sí que sean de buena calidad. Y no es cuestión de dinero sino de buen ojo. Mis piezas

El primer gran consejo
No te vuelvas loca con las tendencias. Compra sólo lo que te fascine. No compres porque "está de moda", sino porque realmente sientes que esa pieza eres tú.

favoritas no siempre son las más costosas. Creo que hay que saber mezclar para tener un estilo propio. Los accesorios tienen su poder, con ellos puedes cambiar los acentos de tu look.

De pronto te puedes sentir Scheherazade en *Las mil y una noches*, influenciada por todos los ornamentos del Medio Oriente y cargarte de prendas, perlas, cadenas, esmeraldas, rubíes, falsos o de verdad, no importa. Al final, es el efecto y la forma como se mezclan lo que te permite contar tu historia.

Joyería
Zarcillos o pendientes

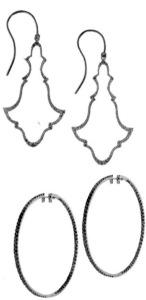

Me encantan y no salgo nunca sin ellos. Desde unas simples perlas, hasta unas grandes y refinadas argollas que me hagan lucir sexy, siempre los llevo puestos. Para saber qué te puede quedar bien, todo depende del cuello. Si es largo, puedes darte el lujo de ponerte un candelabro, pero si lo tienes corto, es preferible que uses unos zarcillos pegaditos.

A mí me encantan las perlas y los pequeños brillantes, además, no tienen que ser de verdad. Son perfectos para el día y le dan brillo a la cara. Dependiendo de la ocasión, como, por ejemplo, si se trata de un almuerzo elegante o una cita importante, puedes usar unos zarcillos más elaborados.

Según el atuendo que queremos llevar y el peinado, podemos usar zarcillos exagerados. Un pelo voluminoso y zarcillos muy grandes no son una buena combinación.

Pulseras

Todas valen. Desde el semanario de oro, que
volvió a poner de moda Carolina Herrera
y que me encanta usar en doble porción,
hasta las pulseras de dijes que son una pieza particular y está muy *in* últimamente.
Puedes usar varias juntas, con todos los dijes
de los recuerdos (graduación, aniversarios, etcétera).
Lo mejor será que, cuando te las pongas, recordarás los momentos mágicos de tu vida y estarás llena de historia.

También me gustan las pulseras tipo brazalete. Yo tengo una
de plata que uso a diario y me encanta. Las de materiales poco
convencionales, como cuero, madera, cacho y plástico, entre
otras, son accesorios que siempre le darán un toque especial
a nuestro look.

Anillo de *cocktail*

Mientras más grande, mejor. Si quieres estar en una fiesta y
lucir con mucho estilo, no hay nada más interesante que un
anillo grande y con personalidad. No tiene que ser real. Puede
ser una pieza vintage o algo divertido, no es el costo sino que
sea atrevido y llame la atención. Si brilla, mucho mejor.

Como un sultán

Si tus manos son largas y te provoca
usar varios anillos a la vez, no hay problema.
Todo es un asunto de proporción.

Broche

Cuando pensamos en un broche casi siempre recordamos la abue-
lita o una tía vieja, pero este es un accesorio que te puede ser muy
útil si eres creativa. Puedes usar uno de fantasía o de verdad. Un
buen prendedor te puede servir para recoger tu cabello en un
moño, como detalle en un sombrero, en la solapa de una chaqueta, en un traje formal –corto o largo–, en la cadera, en una simple
cuerda de seda en la garganta o con una clásica y bella camisa.

Así lo usaron
Sharon Stone usó un
hermoso broche en la
entrega de los Oscars.
Lo llevaba en el nudo,
con una falda larga
de tafetán. Su look
era increíble y muy
sofisticado

FOTO: FRAN BEAUFRAND

Collares

Si quieres lucir extravagante, el collar es el accesorio que necesitas. Entre más grande sea la pieza más impacto causarás. Puedes usar varios collares, unos sobre otros y no tienen que ser del mismo material o del mismo tono.

Sin embargo, hay que tener cuidado: un vestido con detalles en el cuello no luce muy bien con grandes collares.

Desde el día hasta la noche, las perlas, según las utilices, pueden ser un accesorio muy útil. Siempre tengo collares de perlas, de verdad o de mentira. Me gusta usarlos todos juntos para un estilo Audrey Hepburn y también mezclados con cadenas se ven fabulosos. Las cadenas con medallas o dijes te hacen ver siempre muy femenina.

Para un look más dramático valen los collares con piedras sintéticas grandes y cristales de Swarovski. Cuando de collares se trata lo importante no es lo que está de moda sino que sigas tu filosofía estética. Si te gusta el estilo punk, divierte con colgantes que complementen tu atuendo, si eres más delicada y sencilla, una simple cadena con un dije es lo ideal para ti.

Saber de collares

El rey de la fantasía es Keneth Jay Lane.
Desde Jackie O, hasta Carolina Herrera han sido sus fans.
Parecen de verdad y tienen muy buena calidad.
Puedes conseguir fantasías muy divertidas y a todos
los precios en pequeñas boutiques. La clave es mirar
con paciencia y probárselos.

Zapatos

Éste es sin duda el accesorio favorito de toda mujer. Lo fue en la Grecia clásica y lo es en nuestros días. Los zapatos han sido motivos de placer y responsables de hacernos sentir fabulosas.

Con los zapatos vale la pena invertir un poco más y comprarlos de la mejor calidad posible, porque los baratos arruinan los pies y la postura. Cuando te pongas un buen par de zapatos te vas a sentir increíble y liviana y caminarás con más gracia. Así que vale la pena ahorrar y comprar unos de los buenos.

¿Pero cuál es el tacón ideal?

La proporción es fundamental en la escogencia del zapato. Una pierna corta con un tacón altísimo no gana sino que pierde, a menos que lo uses con pantalones largos.

Stilettos, puro poder

Yo soy una mujer de tacones altos. Me parecen elegantes y aunque admito que no son cómodos ni versátiles para el día a día, cuando me visto bonito no hay nada como un buen par de *stilettos*. Si sólo puedes comprar un par, recomiendo que sea color piel o beige, que van con todo y alargan las piernas. Los colores neutrales son siempre los mejores.

El *stiletto* ayuda a definir la curvatura de la pierna, y cuando las cruzamos el efecto que producen es de un sexy increíble. Además, te hacen ganr un poco de altura ¿Qué más le podemos pedir?

Plataformas queridas

Son mis compañeras de siempre. Nunca las he dejado de usar porque son cómodas y versátiles. Son mis favoritas para el diario, las tengo de todas las alturas y nunca viajo sin ellas.

Las espadrillas me fascinan. Las tengo también en diferentes alturas y colores. Se ven estupendas con jeans.

Hay que tener cuidado con las plataformas que hacen los pies muy pesados y poco femeninos. Un detalle importantísimo es que deben tener un buen balance, porque de lo contrario nos podemos doblar el pie sin ninguna necesidad.

Sandalias delicadas

¡Qué importantes son los pies! ¡Tan femeninos y tan sexy! Nada mejor que unas bellas sandalias para resaltarlos, pero, como dice Manolo Blahnik, hasta un par de *flip flops* puede ser elegante siempre y cuando los pies están bien cuidados. Por favor, si vas a usar sandalias no olvides usar la piedra pómez.

Las *flip flops* o "cholitas" están de moda para la playa. Las mejores son de la marca Havaianas (que son brasileñas) porque son las más cómodas y no calientan la planta de los pies. Además, vienen en colores lindísimos.

Las sandalias son perfectas para nuestro clima. De día y de noche, blancas o negras, doradas o plateadas, también color piel. Son ideales para resaltar nuestro bronceado. Lo importante es que sean cómodas, porque en verano los pies se hinchan un poco.

¡Que no se te escape!

Insisto, para llevar sandalias hay que tener los pies impecables. Las sandalias deben ser más largas que el pie, por lo menos medio centímetro. No hay nada más vulgar que un pie que se sale de la sandalia.

Como la ropa de día suele tener color, me gustan las sandalias neutras. Para la noche, recomiendo los metálicos y quizás con adornos de piedras. Las sandalias *stiletto* son una opción muy elegante, pero hay que tener cuidado al caminar. No son cómodas, pero hacen ver el pie muy sexy.

Botas todoterreno

Me encantan, pero durante el invierno. No hay nada más fuera de lugar que botas en Caracas y en Junio. Si el pantalón las tapa, no se ven del todo mal. Ahora las más jóvenes las usan con vestiditos de verano.

Elije siempre unas de buena calidad, para que duren varias temporadas. Si es posible, cómpralas de cuero y no de gamuza, porque se ponen más bonitas con el uso.

Dato

Unas botas de tacón de aguja siempre estilizan tus piernas.

Pero debes tener cuidado: si tienes piernas cortas o rellenitas, nunca las uses por encima del pantalón o con falda, porque el efecto visual que crean acorta tus piernas y no se ven bien.

Las bailarinas

Son suaves, ingenuas y maliciosas y dan un aire de niña bien. ¡Pero, además, son tan cómodas! Su historia comienza con Rose Repetto, la madre del famoso bailarín francés Roland Petit, quien las comenzó a fabricar desde su diminuto taller en Montmatre. Una aspirante a bailarina las compró y las empezó a usar con sus pantalones pescadores. Era nada menos que **Brigitte Bardot**, que luego se convirtió en un icono sexual con en la película *Y Dios creó a la mujer*. Las copió todo el mundo, desde Jackie O. y **Audrey Hepburn** hasta Kate Moss, que las usa con sus jeans pegaditos.

Hay que tener un par de cuero y también puedes escoger entre una variedad de colores lindísimos. Mis favoritas son unas que tengo de piel de serpiente, que adoro. **Las Chanel beige con la punta negra son emblemáticas.**

Además, las bailarinas las puedes conseguir en tiendas masivas como Gap, Zara y H&M entre muchas otras.

Para comprar zapatos

En Caracas, tenemos la suerte de tener zapaterías con los mejores artesanos italianos, como Ezio en Sabana Grande. Los zapatos de diseñadores Christian Louboutin o Jimmy Choo son carísimos, pero vale la pena tener al menos un par. Están cargados de energía sensual y tienen mucho sentido del humor. Un buen par de Manolos (de Manolo Blahnik) son tremendamente femeninos.

Para zapatos de cenicienta

Si por casualidad hemos comprado unos zapatos que nos quedan pequeños (o, en las rebajas, vemos unos que nos fascinan, pero son medio número menos), hay una técnica que lo soluciona.

Así los usaron
Las chicas de la serie (y ahora también película) *Sex and The City* son unas fanáticas de los zapatos. Una leve depre, un momento de celebración o cualquier cita, fueron siempre buenas excusas para que Samantha, Miranda, Charlotte y, sobre todo, Carrie, salieran a las tiendas a buscar un par de Manolos

Tomamos dos bolsitas plásticas, tipo ziplock, del tamaño de un sándwich y las llenamos de agua hasta la mitad. Las metemos dentro de los zapatos y luego los ponemos en el congelador de la nevera, hasta que el agua se convierta en hielo.

El resultado será que el zapato tendrá medio numero más y te quedará comodísimo. Este dato también funciona cuando los zapatos son de cuero muy duro. Lo que sí es importante es que avises al resto de la gente que vive en tu casa, no se vayan a asustar cuando vean un par de zapatos cogelados en el *freezer* y te tomen por loca.

El cinturón

Es el mejor aliado para estilizar y definir la silueta. Aporta estructura y no importa si eres llenita, no le tengas miedo a la cintura, hay que acentuarla. Un vestido negro con un cinturón grueso negro, que tanto se usa ahora, inmediatamente te hace ver más delgada. Cualquier túnica con un cinturón a la cadera se verá mas elegante y con los jeans son esenciales.

Es muy importante conocer nuestra silueta para meternos en cintura. Busca dentro de los diferentes diseños y estilos los que más te favorezcan. De cuero o de tela, hasta un pañuelo te puede servir como cinturón.

También los cinturones vintage pueden ser muy útiles. Yo tengo uno antiguo, que era de mi mamá, con un cocodrilo en la hebilla que me mata y transforma mi pinta diaria de jeans y camisa. Si el cinturón es grande y llamativo, el resto de tus accesorios deben ser más simples.

Tip

Hay que pensar muy bien cómo combinar los cinturones con los zapatos. Sólo uno de ellos debe ser llamativo, pero deben tener el mismo sentido. Por ejemplo, un cinturón marrón tipo rústico combina perfecto con unas botas vaqueras.

Una correa delgadita se ve mejor con pantalones de cintura alta. Un cinturón de marca puede realzar tu look sin gastar una fortuna. Cuando consigas un cinturón que te acomode, lo usarás por varias temporadas.

Hay que tener cuidado con materiales como el patente: no se debe usar el mismo material para cinturón y zapatos.

Las cadenas puestas como cinturón le dan un toque glamoroso a cualquier conjunto casual. Silvia Tcherassi, la diseñadora Colombiana, ideó unas hebillas sensacionales a las cuales se les teje un pañuelo y se ven diferentes.

Son muy versátiles los cinturones de piel de animal como cebra, cocodrilo o tigre. Pueden cambiar totalmente un look. Si te vistes de negro y usas un cinturón de tigre, le darás un estilo más audaz al conjunto.

Sarong

Cuando estás en la playa, en vez de envolverte en una toalla, es mucho más elegante y de moda envolverte en un sarong, es como un gran pañuelo de seda o algodón. El sarong es la indumentaria tradicional de Malasia e Indonesia, y lo usan tanto hombres como mujeres. Y las vietnamitas, que son mujeres elegantísimas, se visten de diario de chaqueta blanca y sarong.

Para no perderse
Si vas a hacer del sarong otra prenda, como una falda o vestido, lo mejor es llevar contigo un imperdible y asegurarlo.

Te lo puedes amarrar al cuello, te lo puedes poner como un turbante, te puede hacer las veces de vestido, amarrado a la cadera, o como un *shawl*. Es muy flexible y los puedes usar tanto de día como de noche. Yo lo uso anudado al cuello con un bonito collar y unas lindas sandalias para una cena en la playa.

Sarong para llevar
En las playas de la
Isla de Margarita
puedes conseguirte
maravillas. Si visitas
algún país exótico,
te puedes traer uno
como souvenir.

En el cuello,
un foulard o pañuelo

Yo me confieso adicta. Siempre los he usado, en todas sus formas y colores. Los llevo en el cuello o sustituyendo al cinturón (es muy *chic*), de pulsera o en la cabeza, al estilo Audrey Hepburn y también como bandana en la playa. Se pueden usar de mil maneras. Hay que ponerse creativa con los pañuelos y jugar con ellos.

En invierno, los uso muy largos y no se me ocurre salir un día frío sin tener uno que me cubra el cuello. Los hay de lana, pashmina, en tejido de *cashmere* y de alpaca. Lo cierto es que son necesarios en tu guardarropa.

Etiqueta de etiquetas

Siempre hay que quitarle la etiqueta al pañuelo, pues se puede salir cuando te lo anudas al cuello y se ve feísimo.

En verano los uso de algodón, lino o seda. También lo llevo como *shawl* en las noches frescas de verano. El pañuelo tradicional es el cuadrado de seda tipo Hermés, el clásico carré. Son tan bellos que yo los colecciono. Tienen unos estampados maravillosos y están cocidos a mano. En el mercado hay varias casas que los hacen. Mis preferidos son los Ferragamo, Gucci y Hermés.

Manual de uso

La mejor manera de usarlo en el cuello es doblar el pañuelo por la mitad, hacer un ojal y pasar las puntas por el mismo. Jamás los uses con el nudo bajo, eso sólo se ve bien en los *boy scouts*.

Si los quieres usar en la cabeza, te lo pones tipo triángulo, como lo hacía Jackie O. en los años sesenta, amarrado debajo de la barbilla. Madonna los usa como top tipo *halter* y Sarah Jessica Parker los usó como bandana en *Sex and The City*. Anudado a la cartera también se ve muy elegante.

Shawl

Es un cuadrado o rectángulo de tela usado alrededor de los hombros, amarrado suavemente en el frente o de lado. Los primeros *shawls* que se usaron llegaron con los soldados franceses e ingleses que regresaban de la guerra en la India y se los trajeron a sus esposas de regalo en el siglo XVIII.

Son una alternativa maravillosa para cubrirnos en nuestro clima, tanto para usar adentro de los lugares como para afuera, en las terrazas o jardines. En las noches caraqueñas son una prenda muy útil.

FOTO: FRAN BEAUFRAND

Pueden ser de algodón, de encaje, de seda, de lana, con bordados o lisos, estampados. Son siempre un complemento ideal.

Tip

Para los días de calor, un shawl es un excelente aliado. Si vas al cine o baja la temperatura un poco, es mejor que un suéter.

Y sobre mi cabeza, el sombrero

Este es un accesorio que demuestra respeto y estilo. Siempre me han fascinado, pero como vivimos en el trópico no se justifican a menos que sean para la playa.

Me gustan especialmente los tipo vaquero que son tejidos en paja. Se ven de lo más sexy y los podemos encontrar en muchos sitios. **El clásico Panamá** está hecho de una paja muy fina y es tejido debajo del agua. Se llama Panamá pero en verdad son fabricados en Ecuador. Los buenos suelen ser costosos pero vale la pena contar con uno de ellos en tu armario. Lo puedes usar en un almuerzo al aire libre y se ve muy bien. Además, son prácticos: los puedes enrollar y guardar en una cartera sin que se deformen (los originales, por supuesto).

También uso los **sombreros de paja** y ala grande: se ven muy elegantes y protegen el pelo y la piel del inclemente sol tropical.

Para ir de *camping*, subir al Ávila o practicar cualquier deporte al aire libre se usan de tela impermeable o tipo gorra de baseball. Recuerden que este tipo de sombreros son sólo para hacer ejercicio o estar caminando por la calle de día. Bajo techo se ven totalmente fuera de lugar.

Cuidado con las gorras

Cuando compres las gorras tienes que tener cuidado:
deben tener una buena forma para que la cabeza se vea bonita.
Elije una de tu talla para que no apriete la frente y no quede
marca cuando te la quites.

Sombreros de otros tiempos

En Venezuela, en los años cincuenta, se llevaron mucho los sombreros, incluso de noche, para grandes fiestas y bailes. Recuerden a Doña Flor de Pérez Jiménez con su sombrero de plumas blancas. Era todo un poema. Hoy en día es totalmente absurdo y se ve cursi

Greta Garbo, Madonna, Keira Knightley y Frank Sinatra han usado sombreros en algún momento, tanto de día como de noche, porque les da un aire de misterio y un toque de glamour.

En el invierno los sombreros son necesarios para cubrir la cabeza y protegernos del clima y nos agregan un look muy glamoroso. **El sombrero Fedora**, tipo detective o *gangster*, es muy favorecedor pero hay que usarlo con mucha actitud y personalidad.

Accesorios para el cabello

Siempre he llevado el cabello tipo melena. Es parte de mi estilo, porque tengo demasiado cabello para llevarlo corto. Sólo una vez me lo corté y parecía un erizo. Por eso, para mí los accesorios para el cabello han sido muy prácticos y útiles para poder variar el peinado rápidamente.

Los palitos tipo chino los he utilizado muchísimo, inclusive para traje largo. Una vez en Venecia, tenía una comida elegantísima y no llegué a tiempo para ir a la peluquería. Los palitos fueron mi salvación: me hice un moño en dos minutos y quedé estupenda.

También los clips son una alternativa. Cuando viajo, tengo un montón de cosas que hacer: trabajar, visitar museos, ver exposiciones, comidas, ver amigos... No me gusta perder parte de mi tiempo en la peluquería.

Por eso tengo un arsenal de accesorios que me ayudan: las camelias con una redecilla, para un estilo a lo Chanel, ganchos terminados en plumas, que utilizo para las grandes ocasiones y las peinetas, que son uno de mis favoritos.

Tip
Los accesorios para el cabello siempre nos harán ver femeninas y alegres.

En la playa, cuando hay mucha humedad, siempre me recojo el cabello con algo divertido: peinetas, flores, cintillos, cintas. Lo importante es que vayan con el atuendo que esté usando.

Los lentes de sol

Así como la sal le da el sabor a cualquier plato, el accesorio correcto (una cartera, un pañuelo, un cinturón y por supuesto, un buen par de lentes) le pueden dar un sabor especial a tu look.

Estos últimos son esenciales y nunca salgo sin un par. Los lentes de sol no sólo me dan protección contra los rayos UV, sino que también me ayudan a prevenir las arrugas y son el perfecto camuflaje, si no estoy maquillada. Si, por alguna razón, tengo algo que esconder, estoy cansada o simplemente no quiero que me vean, son los perfectos aliados. Me encantan grandes y oscuros, pero te recomiendo que pruebes muchos modelos hasta encontrar los que te queden bien.

Los lentes de sol son parte de tu personalidad y estilo. ¿Te acuerdas de los lentes pequeños y redondos? Son la viva imagen de John Lennon, pero Yoko usaba unos enormes sobre su diminuta nariz. Y los tipo aviador de Ray-Ban, siempre están unidos a Tom Cruise.

Dato

Nunca olvides que los anteojos de sol son para el día y no para la noche. Si los usas de noche parecerás una rock star venida a menos.

Hay circunstancias en las que tenemos que hacer contacto visual con otras personas, así que lo mejor es subirlos a manera de cintillo o guardarlos en la cartera. Siempre ten a mano el estuche, así no se te rayarán ni se romperán. Cuando los compres, asegúrate que te protejan de los rayos UV (deberían decir: "protección UV 400") y que no sean muy pesados, para que no te marquen la nariz. Los marcos deben ser fabulosos y el decorado, al mínimo. Yo los prefiero sin adornos.

Cómo escogerlos

Hay lentes para todas las formas de cara. Lo ideal es que te los compres pensando en lo que te va mejor.

- Si tu cara es triangular (frente grande y boca pequeña), estás mejor con lentes que no tengan montura muy ancha y que no queden muy altos en la base de la nariz.
- Si es cuadrada, el marco de lente debe ser curvo para minimizar la línea de la quijada.
- Si es larga y angosta, escoge lentes pequeños que cubran el centro de la cara.
- Si tienes la cara redonda, disimula la redondez con lentes angulares.
- Si es ovalada tienes suerte. A esta forma de cara cualquier lente le va bien, pero siempre cuidando la proporción.

El último gran consejo

Los accesorios son la sal y la pimienta de cualquier look, incluyendo la joyería —verdadera o falsa—, pero hay una fina línea entre ser glamorosa o parecer un árbol de navidad. Puedes ir muy glamorosa con unos pequeños brillantes, unas simples perlas o una bella cartera pero recuerda que siempre debes tener cuidado con los excesos.

Colecciona piezas excitantes y que te hagan soñar, que, cuando te las pongas, te sientas feliz y te hagan resaltar ante las demás. No hay nada malo en eso.

Tu accesorio

Puedes hacerte de un accesorio que te caracterice. Puede ser cualquier cosa. Cuando una mujer lleva un accesorio siempre consigo, da la idea de que detrás de esa pieza hay una historia (y siempre las hay).

El glamour no es ser estática y parecer siempre la misma. Tienes que ser entusiasta, mantener tu cara en alto y reinventarte.

Y aquí debes aplicar la máxima de Coco Chanel: "siempre quítate algo al salir de tu casa". Yo agregaría: "nunca salgas de casa sin verte en el espejo y ser muy honesta".

Kenneth Jay Lane

¿Cuál es tu filosofía de la moda?

Creo que las mujeres deberían vestir del modo que mejor se adapte a sí mismas: a su figura, su edad y su estilo de vida.

¿Qué necesita toda mujer en su clóset para ser feliz?

Si una mujer –cualquier mujer– tiene una pieza de marta (conocida como Russian Sable) en su clóset, debería ser feliz, aún cuando viva en el trópico.

¿En qué te inspiras?

En los museos, en las joyas y en todos los retratos maestros, así como en la naturaleza (especialmente en el mar). También me inspiran los films de los años 30, con las Golddiggers, vistiendo sus brazaletes de diamantes.

Uno de los diseñadores más cotizados del mundo. Comenzó haciendo zapatos para Delmain y Christian Dior, pero luego pasó al mundo de las joyas

Estilo que deja huella

El perfume

*"Una mujer
que no usa
perfume no
tiene futuro"*

–Coco Chanel

l perfume se debe presentir, nunca imponerse. Un buen aroma se deja como una estela sutil pero determinante.

A lo largo de tu vida puedes usar muchos perfumes y colonias pero habrá sólo algunas que te definan como una mujer única e inolvidable. El mercado de la cosmética está en constante revisión y la oferta es, en muchos casos, abrumadora. La clave es seleccionar con prudencia, sin apuros, sin pasiones y, sobre todo, probarlos sobre la piel y nunca olvidar que vivimos en el exótico Caribe y que algunas fragancias no se llevan bien con la humedad y el calor tropical.

Para encontrar el perfume que marque tu sello personal no debes seguir a un diseñador o enamorarte de una linda botella. El secreto para dar con tu aroma está en escoger la fragancia que complemente tu personalidad y que te lleve por un camino de memorias increíbles. Sólo tú puedes decidir cuál es el perfume que, combinado con tu piel, consigue el aroma que dejará esa huella.

Perfumes para celebrar

No es necesario usar una corona ni bailar sobre la mesa para llamar la atención en una fiesta. Ponte algo más sutil y misterioso, un perfume especial y no el de todos los días. Un aroma sexy, exótico, como el almizcle, el cardamomo, la bergamota o el sándalo, o quizás un perfume efervescente como el champagne.

Para ayudarte, he hecho la siguiente selección de notas para darte algunas pistas:

Bosque: muy magnético gracias a los elementos verdes, incluidos también el limón y la lima. Recomiendo el Armani Privé, Vetiver Babylone y el Bois des Yles de la firma Chanel

Floral: generalmente son aromas dulces y muy femeninos. Durante años, mis favoritos han sido Violet y Bluebell de la casa Penhaligons. La maravillosa perfumería artesanal Santa María Novella, ubicada en Florencia —una de las más antiguas del mundo—, tiene una fragancia que se llama Acqua di colonia Capriflogio, que huele a gloria.

Floral exótico: la combinación de flores y esencias orientales hacen tremendamente atractivos y misteriosos estos perfumes. Jasmín noir de Bulgari es uno de mis favoritos.

Floral fresco: generalmente, están hechos a base de flores frescas y frutas. Me fascina Infusión d'Iris de la marca italiana Prada. Cuando la uso, me siento todo el día como recién bañada con pétalos de flores.

Exótico: extremadamente sexy y muy femenino. La base puede ser de gardenia, neroli, jazmín, ámbar y pachulí, entre otras notas. Hay muchos y muy buenos, pero mi favorito de todos los tiempos es el Fracas de Piguet. Carolina Herrera también tiene varios maravillosos.

Fresco: aguas de colonia que te hacen sentir que estás en el campo. Entre los aromas frescos, hay una infinidad para elegir. A mí me gusta Acqua Allegorica de la casa perfumera Guerlain.

El perfume de tu entorno

A mí los olores me transportan y trastornan. El olor a limpio y de cascada de algunos suavizantes de ropa me llevan inmediatamente a las montañas del Himalaya. Me gusta perfumar el ambiente donde vivo con velas, difusores de olor que expresan mi personalidad y espíritu.

Mi baño siempre huele a campo florido, hierbas y flores que combinan muy bien juntas, y uso hasta los pétalos de rosas secas en *sachet*.

Para no poner la torta

Evita las notas de vainilla, de pino y de canela porque terminarás oliendo a torta o a Navidad.

Hay aromas conectados con la comida que me llevan directamente a mi niñez: el olor a chocolate me da ondas expansivas de felicidad y el olor a masa de torta o pan me lleva inmediatamente a la cocina de mi mamá. La recuerdo muy bella batiendo y sonriendo. Para mí, el perfume siempre ha sido una poción mágica que me levanta el espíritu. Es un placer muy sensual.

Consejos con buena nariz

Victoria Beckham, en su supervendido libro *That extra half an inch* ofrece unos consejos acerca del perfume que me parecen muy útiles:

1) Nunca uses mucho, porque se convierte en algo escandaloso en lugar de seductor, como debería ser. Así que usa sólo un toque; no te bañes en él.

2) No lo rocíes sobre tu pelo, porque puede producirte frizz o hasta afectar el color, si lo tiñes.

3) Evita las fragancias demasiado fuertes o pesadas. Prefiero las ligeras, porque las fuertes me producen incluso dolores de cabeza.

Cuánto dura

Lo que más dura es la fórmula perfume y es la más cara pero tiene el potencial de permanecer en tu cuerpo todo el día. Después viene el *eau de perfume* que dura aproximadamente de 6 a 8 horas. Luego *el eau de toilette, que tiene una* duracion de alrededor de 5 horas y finalmente el *eau* de colonia, que dura de 1 a 3 horas y nos ponemos abundantemente justo después del baño para quedar fresquísimas.

Dale tiempo

No hay que juzgar la fragancia con la primera olfateada, donde apenas se perciben las primeras notas. Las esencias cambian dramáticamente en la primera media hora y revelan otras notas diferentes. Te sugiero la pruebes en tus muñecas, des un paseo, y luego la vuelvas a oler, a ver si todavía te encanta.

Tip
Si sales a caminar o hacer ejercicio un día despúes de una fiesta en la que usaste un perfume fuerte, date un baño antes. No hay nada peor que el perfume del día anterior.

Para que dure

Guarda tus botellas de perfume en un lugar fresco y oscuro. Si consigues un olor que te fascina compra varias botellas para que luego no tengas sorpresas y esté descontinuado.

Sé tú misma

Yo muchas veces mezclo dos diferentes fragancias, y hago una
fórmula única. También es maravilloso cuando conseguimos
la crema del cuerpo con el mismo aroma de nuestro perfume;
hace que dure mucho más.

Recuerda

El perfume se debe poner en los lugares calientes de tu cuerpo,
antes de vestirte: en la nuca, detrás de las rodillas, detrás
de las orejas, en las muñecas y en el estómago. Desde esos
puntos, el calor natural de tu cuerpo lo activará.

Cuando viajas

Si viajas a menudo hay perfumes que tienen muestras pequeñas y
son ideales o también es muy practico el tipo *roll on* que es como
un desodorante y asi no tenemos problemas que se derrame.

Un poco de historia

Durante el reinado de Louis XIV, era la
costumbre perfumar las Fuentes de Versailles
para las fiestas extravagantes que allí se
daban cuando el rey salía vestido de sol.

Por eso las francesas, con su cultura rica
en fragancias, se perfuman siempre antes
de salir, algo así como las americanas
con el *sun block*, con la diferencia de que
el perfume es algo muy sexy, muy tú.

Como me diría mi amiga Solange, nosotras
nunca hablamos de secretos de belleza
a los hombres. Siempre hay que parecer
bella sin esfuerzo.

Albert Elbaz

¿A qué mujer viste usted?

"Durante mucho tiempo he escuchado que las mujeres visten para los hombres; otras dicen que visten para otras mujeres y ahora dicen que visten para sí mismas. Quizás esto es lo mejor para la moda, porque es un momento auténtico. Ahora, las mujeres visten para estar cómodas y sentirse bellas".

¿Qué piensa de la moda hoy?

"Mi trabajo consiste en vestir a las mujeres, no en desvestirlas. Ahora todos buscamos la emoción, la individualidad, el toque personal... Creo que nos falta tener un criterio claro de las cosas y fijarnos un camino para no perder la coherencia. Y en ese camino, la palabra "deseo" es clave para que funcione lo que uno hace".

¿Cómo definiría el estilo femenino moderno?

"La mujer del siglo XXI es madre, amante, compañera y profesional en su puesto de trabajo. Las mujeres son seres llenos de energía, mucho más que el hombre. A mí me gusta hacer ropa que les proporcione buena energía para el día a día".

¿Qué significa para usted la casa Lanvin?

"Estoy trabajando para la firma más antigua de moda de todas las que existen en París; es un enorme placer crear prendas y diseños que enaltezcan su propia historia. Para mí significa la quintaesencia del lujo francés más universal".

Se formó en los Estados Unidos, desde donde dio el salto a Europa. Ha conseguido desde la firma Lanvin establecer las bases para un estilo delicado y elegante

Realza tus rasgos

Belleza & maquillaje

Hazle honor a tu piel y deja salir tu verdadera belleza

Tu piel, tu cabello, el color de tus ojos, tu silueta, tus manos, tus pies. Todo eso que tienes puede ser hermoso. Se trata simplemente de sacarle el mejor provecho. Ya habrás oído incontablemente ese dicho que reza que "no hay mujer fea sino mal arreglada". Se trata únicamente de hacer las combinaciones y las elecciones correctas.

Tu primer vestido

De todos tus vestidos, éste es sin duda el que más debes cuidar. Ya debes haber adivinado que estoy hablando de tu piel. Una piel hermosa es esencial para sacar lo mejor de ti. No hay nada más glamoroso que una piel perfecta. Pero todas sabemos que eso es un ideal muy difícil de alcanzar. De hecho, la mayoría de nosotras tiene varios "detallitos" que corregir. No hay ningún problema con eso. Lo importante es conocer qué tipo de piel tienes y cómo mejorarla, de manera que, sea como sea, siempre la hagas lucir lo mejor posible y la mantengas sana.

Cuidado, cuidado y cuidado

Son las tres palabra clave para una piel perfecta. Cada mujer tendrá sus preferencias en cuanto a rutinas de belleza, productos, marcas y hasta recetas de la abuela. Para mí, el kit básico de cuidado de la piel debe contener:

• Jabón (especial para el rostro)
• Limpiador en crema y/o en espuma
• Toallitas limpiadoras

- Removedores de maquillaje
- Scrub
- Loción tónica
- Humectantes (para día y noche)
- Mascarillas
- Crema para los ojos
- Serum
- Barritas para remover los puntos negros (o un extractor de puntos negros)

Por supuesto, todos y cada uno de estos productos dependerán de tu tipo de piel y de tu presupuesto.

FOTO: MÓNICA TREJO

Guía para una
piel fabulosa

La primera regla es ponerte bloqueador solar antes de salir de tu casa. En esto no puedes fallar. Vivimos en el trópico y las consecuencias del daño solar son irreversibles. El sol rompe las fibras de colágeno y elastina y produce hiperpigmentación.

Yo lo he comprobado en mí misma. De pequeña crecí en la playa y no había nociones de lo dañino que es el sol. Me pasaba el día en el agua, desde el primer rayo de sol hasta el último, porque me encantaba hacer deportes. Tomé muchísimo sol sin bloqueador, y lo máximo que usaba era cualquier aceite que tuviese a mano. Por supuesto, 40 años después tuve hasta cáncer de piel, y aunque tengo una buena genética y una piel resistente, me salen manchas, y hay que luchar contra ellas todo el tiempo. Te recomiendo que evites tomar sol entre las 11 de la mañana hasta las 3:30 de la tarde. Entre más temprano empecemos a cuidar nuestra piel es mejor.

La rutina de limpieza

Puedes comenzar con una crema limpiadora y un jabón especial para lavar la cara y aplicar una hidratante suave. En la mañana, puedes incluir también tu limpiadora y, a menos que seas muy joven, hidrátate. En la noche te recomiendo usar una crema más fuerte, que tenga mas nutrientes. Y nunca (nunca, nunca) te vayas a la cama con maquillaje.

Dato

+Hay que tener una dieta rica en antioxidantes para no perder la elastina. Insisto, toma mucha agua y té verde, que es un magnífico antioxidante.

También es muy importante que tomes agua, porque hay que hidratarse de adentro para afuera. En lo posible, evita fumar porque el cigarrillo le quita el oxígeno a la piel, te saldrán horrendas ojeras y tu piel se pondrá amarillenta.

Una piel, una edad

Por supuesto que la piel va cambiando con la edad. Después de los 40, la producción de colágeno y elastina disminuye y tienes que empezar con una rutina más fuerte. Es recomendable exfoliarse dos veces a la semana para retirar la células muertas de tu cara. Así los productos que uses penetrarán mejor. También tienes que tener una muy buena crema para ojos, y usarla en la mañana y en la noche. Esa misma crema también la puedes aplicar alrededor de la boca. El cuello requiere de un cuidado especial, porque siempre está a la vista y es parte esencial de un bonito escote.

Mi rutina en la mañana, y créeme que lo hago rapidísimo, es ducharme, usar una limpiadora para la cara, ponerme el tónico, hidratarme la cara y el cuerpo, colocarme la crema de ojos e inmediatamente la crema antisolar y luego algo de maquillaje, pero muy poco. En la noche, si voy a salir, hago la misma rutina sin el bloqueador solar y me vuelvo a maquillar. Si no voy a salir, hago todo igual pero sin maquillaje. He descubierto que las casas de cosmético han lanzado unos *serum* que son excelentes.

Recetas de la abuela

También es importante usar mascarillas faciales, al menos una vez a la semana. Dependiendo de tu tipo de piel, escoge la que más te convenga. Aunque hay muchas de diferentes marcas, en tu cocina encontrarás productos maravillosos que puedes usar. A mí me gusta mezclar yogur, miel y frutas como lechosa, aplicar esa mezcla en el rostro y cuello y dejar actuar durante 15 minutos,. Es increíble cómo queda la cara. A veces también pico 1/2 toronja, me la paso por la cara y espero 5 ó 10 minutos y, por último, la lavo.

Si tienes la piel muy sensible, puedes mezclar 1 taza de yogur natural con 1/2 taza de avena cruda, aplicar en el rostro, dejar actuar durante 10 minutos y enjuagar con agua tibia.

Truco

Debes aplicar cremas con movimientos ascendentes. Hay cremas especializadas para el cuello, pero puedes usar la misma hidratante de la cara.

Si quieres un exfoliante natural hecho en casa puedes disolver 2 cucharadas de azúcar en 3 de agua tibia, aplicar en el rostro, dejar durante cinco minutos, masajear suavemente y aclarar con agua.

Si tienes la piel grasosa puedes utilizar 1/2 cucharada de jugo de limón, la clara de un huevo, una cucharada de miel y 1/2 taza de fresas. Mezcla todo en la licuadora y aplica en la cara. Deja actuar por 10 minutos.

Medio cupón, doble cuidado

Cuando nos acercamos a los 50 todas las mujeres experimentamos la menopausia y con ella vienen los desbalances hormonales, que producen cambios en nuestra piel. A partir de esta edad hay que poner doble cuidado. Si no tomas hormonas, tendrás que tomar muchos antioxidantes como el omega 3 y un complejo vitamínico específico para la mujer (entre otros) que te pondrán contenta.

Te recomiendo que te tomes una copita de vino y comas chocolate oscuro todos los días. A esta edad, hacer ejercicio es fundamental. Si no te gusta ir al gimnasio, al menos camina una hora diaria. Esto te oxigenará y te ayudará con los ajustes que tendrá que hacer tu cuerpo con la temperatura.

La piel se torna muy seca porque se reducen los niveles de estrógeno y requiere más hidratación. Para ello debes comenzar a aplicar cremas con más emolientes y antioxidantes.

Dato

Tienes que ser muy moderada con el alcohol, porque constriñe los vasos sanguíneos y deshidrata la piel, además destruye la vitamina C, fundamental para el buen funcionamiento de la piel.

Comer es muy importante también. Tu alimentación debe ser muy natural. Recuerda que todo lo que entra por la boca se refleja en la piel. Mucha azúcar refinada debilita el colágeno y hace que salgan las odiosas manchas marrones. Mejor usa miel.

Relájate

El estrés afecta la piel de diferentes maneras porque altera las hormonas. Está comprobado que una piel estresada no absorbe los productos de la misma manera que una piel relajada.

Nunca te vayas a dormir estresada, porque se notará a la mañana siguiente en tu piel. En la noche es cuando tu piel se regenera y construye nuevas células que reponen el colágeno y la elastina que han sido dañadas durante el día por la contaminación, la exposición al sol, etcétera.

Unos minutos de meditación ayudan a tener la mente en calma a la hora de dormir. También es recomendable que tomes un té de valeriana, manzanilla o un vaso de leche, alguna bebida relajante.

Igualmente, cualquier crema o tratamiento es más efectivo durante la noche mientras duermes. Si no duermes bien vas a tener feas ojeras, ojos hinchados, pequeños granitos y la piel opaca.

Tip para dormir
Un baño tibio con melisa o lavanda será relajante y contribuirá a un buen sueño.

La cantidad de sueño es muy individual. Hay gente a la que ocho horas no les alcanzan y otra está perfecta con cuatro. Eso lo decide tu cuerpo. Lo que sí es importante es que no te debes levantar cansada.

Otros factores atentan contra tu piel. La contaminación y los radicales libros contribuyen a envejecer la piel. Normalmente, en las ciudades estamos respirando polución constantemente. También la comida viene llena de pesticidas y aditivos químicos nocivos para la piel. Es muy difícil luchar contra esto, pero puedes evitarlo comiendo alimentos naturales como frutas y vegetales. De la misma manera, te recomiendo salir de la ciudad cuando puedas para respirar aire puro.

De todo y para todas

Es importante que encuentres un buen dermatólogo de confianza que te ayude con los problemas de la piel, y que además te haga los procedimientos que existen en el mercado. Hoy son muchos y aquí te presento apenas algunos.

Bótox: es un derivado de la toxina botulínica, un relajante de músculos localizado. Lo recomiendo siempre y cuando se use con cautela, porque el exceso te dejará una expresión de susto que no es nada favorecedora. Sólo te lo debe administrar un dermatólogo, porque si te pinchan el músculo incorrecto puedes tener un problema serio.

Peeling químico: básicamente es una solución ácida que remueve capas de la piel. También hay unos peeling más profundos que requieren de anestesia y se usan para cuando el paciente tiene la cara muy marcada por el acné o manchas. El *peeling* pica por unos minutos, pero verás el efecto automáticamente. Hay *peelings* que puedes aplicarte en tu casa, tienen un porcentaje de ácido mejor.

Los retinoides: vitamina A y sus derivados, sirven para aclarar la piel y ayudan a mejorar las pequeñas arrugas. Si los usas por mucho tiempo son efectivos y le darán una textura más luminosa a tu piel. También hay multivitamínicos que se inyectan directamente en la piel y ayudan a mantenerla con bello aspecto.

Microdermoabrasión: es una exfoliación rápida, no invasiva, que ayuda a remover las capas superficiales de la piel. Contribuye con la producción de colágeno y deja la piel tonificada.

Láser para eliminar manchas: es hoy en día esencial para mantener la piel joven. Elimina las manchas marrones porque estimula la producción de melanina.

Láser para rejuvenecimiento: ayuda a producir nuevas fibras de colágeno. El procedimiento contribuye a que la piel se vea más tonificada. Debes hacerlo cada tres o cuatro semanas durante las primeras seis sesiones, y luego puedes hacerlo cada dos meses para mantener el efecto.

Maquillaje

Juegos de color

Tal y como sucede con la ropa, el maquillaje debe escogerse tomando en cuenta el color de nuestra piel y nuestro cabello.

• Cabello oscuro, piel bronceada: Para los ojos lo más recomendable es usar verde oliva, marrón, beige, chocolate, rojos terrosos y naranjas. En el blush van bien los marrones o duraznos y en los labios marrones, chocolate o rojos anaranjados.

• Cabello oscuro, piel oscura: Para los ojos van bien los azules oscuros, ciruela, marrones oscuros o rojizos y dorados. En las mejillas ciruelas o marrón oscuro y en los labios marrón, ciruela, rojo intenso y chocolate.

• Piel blanca, cabello oscuro: **Para los ojos gris intenso, negro, plata y ciruela. En las mejillas rosa claro y en los labios fucsias, rojos intensos, ciruelas fuertes o malva.**

• Rubias o de cabellos castaños claros con piel clara: **Para los ojos van muy bien los grises claros, azules claros, lila y ciruela en las sombras, máscara azul oscura o gris (les va mejor que la negra). Para las mejillas rosa claro y para los labios los rosas, lila o marrones rosados.**

• Rubias con piel bronceada: **Para los ojos marrones cálidos, dorados y verdes, amarillo pálido o melocotón. Para el blush durazno o marrón bronceado y para los labios marrón dorado, coral, rosados aduraznados y bronce.**

• Pelirojas: **En los ojos, durazno, naranja, caki, verde claro y bronce. En las mejillas rosados oscuros o durazno claro y en los labios rojos anaranjados, rosas, terra-cotta o durazno.**

Pelo a pelo

Parte esencial de tu look es tu cabello. Vale la pena cuidarlo con esmero, porque si tu pelo se ve increíble, tú también te verás increíble. Por el contrario, puedes tener el maquillaje perfecto y estar vestida con mucho estilo, pero si tu pelo no funciona, nada lo hará.

La primera regla: antes que nada tiene que estar limpio. Lo máximo que puedo pasar sin lavarme el pelo son 2 días. Así tenga gripe, me siento mucho mejor cuando me lavo el cabello, me da energía instantáneamente. Además, me sube la moral. El pelo sucio baja todo, hasta la autoestima.

En un viaje reciente mi hija me dijo que necesitaba un cambio. Inmediatamente, me fui a la peluquería para hacerme unos reflejos rojizos. El cambio era muy natural pero me sentí completamente renovada. Recuerdo también que en una época de mi vida en la que estaba desvastada emocionalmente, me corté mi melena de una manera muy severa. Me di cuenta de que aquella acción había sido un reflejo de mi estado de ánimo. Por eso creo que es importante que siempre tengas el cabello cuidado y arreglado.

El camino a un cabello perfecto

No es cosa fácil. Con el cabello hay muchos riesgos y puede ser traumático si no te pones en buenas manos o si abusas de productos como la laca o el gel. El pelo es más sexy y moderno cuando tiene movimiento.

Para un cabello perfecto debes:
1) Lavar
2) Acondicionar
3) Peinar
4) Cuidar el color
5) Buscar el corte que mejor te siente

Como sucede con el resto de tu cuerpo, debes llevar una buena alimentación y tomar mucha agua. Si la cutícula está deshidratada tendrás un cabello seco. Tenemos aproximadamente 120.000 cabellos en nuestra cabeza. Sí, eso es muchísimo y para que se vean bien tienen que estar en buenas condiciones.

Muchas cosas pueden dañar la cutícula del cabello: cepillar muy duro, los procesos químicos, el agua clorinada, y por supuesto, el sol. Son esas las cosas a las que debes prestar más atención.

PARA CUIDAR DE TU CABELLO, NECESITAS:

1) Champú líquido: no tienes que usar mucho, pero sí debes tener uno para tu tipo específico de cabello.

2) Acondicionador: déjalo por lo menos dos o tres minutos, y retíralo muy bien. Si tienes el pelo en muy buenas condiciones, no necesitarás usarlo siempre.

3) Acondicionador de acción retardada: es el que dejas actuar durante un rato y sirve para el cabello pintado o crespo. Algunos ofrecen también protección UV.

4) Aceites: un gran humectante para el pelo. Es mejor usarlos tibios o calientitos y cubrirte luego con una toalla caliente a manera de turbante. Yo uso desde el aceite de oliva hasta el de aguacate y ¡sí funciona!

5) Peine de dientes anchos: es para cuando el pelo está mojado y hay que desenredarlo. ¡No se te ocurra usar cepillo!

6) Cepillo de buena calidad: puede ser de nylon (que son muy buenos) o de cerdas naturales, que son los que yo uso.

7) Serum: sirve para darle brillo y dejarlo más suave.

8) Detox champú: cada dos semanas o cuando sea necesario. Sirve para limpiar el cabello a profundidad.

9) Rollos calientes: a veces los uso para darle más volumen al pelo.

10) Plancha de cerámica: si quieres el cabello extremadamente liso, es el producto ideal.

11) Laca: si la usas regularmente, debe ser ligera. Yo uso L'Oreal Elnett ¡y en pocas cantidades!

12) Una pomada sin brillo: sirve para separar las puntas y dar textura.

"¡Basta de greñas!"

Mi pelo siempre ha sido abundante y liso. De pequeña, mi mamá, me veía como una india motilón, mientras mi hermana Mercedes era una princesa de rizos de oro. Un día, se apiadó de mí y me dijo: "¡Basta de greñas! Hoy nos vamos a la peluquería". Yo tenía seis años y no sabía lo que me esperaba. Al llegar, me sentaron en una silla extraña, casi como la del dentista, y me hicieron nada menos que la permanente ¡Cielos, qué tormento!

Me llenaron la cabeza de cables que me hacían sentir como un marciano y después de varias horas de tortura, al verme en el espejo, lo único que me vino a la mente fue "¡Qué miedo!". Era exactamente como la cabeza de Medusa, ese monstruo que tiene serpientes en lugar de cabellos.

La peluquera, que era italiana, al ver mi expresión me dijo: "¡Qué bueno! Ya no tienes pelo de espagueti al dente".

Cuando finalmente –y con la misma cara de susto– volví a mi casa, mi hermano mayor, que era terrible, me dijo: "Estás espantosa. Pero no te preocupes, que yo te arreglo". Y mi querido hermano encontró como solución cortarme el pelo con una máquina que tenía papá y que hacía el corte 0. Así que, tal como se imaginan, quedé totalmente rapada.

A mi mamá casi le da un infarto. Era tal la rabia que tenía que me mandó a hacer un sombrero con bucles postizos, y así me fui a una piñata de unos primos, junto con mi hermana. Las dos íbamos con vestidos idénticos de organdí suizo y sombreritos de bucles maravillosos. A la hora de tumbar la piñata yo ya estaba fastidiada del sombrerito, me lo quité de un solo golpe y salí corriendo feliz a darle palos. Mi cabeza rapada lucía en todo su esplendor para horror de las mamás de los otros niños, que pensaron que tenía piojos. Total, quedé como la princesa del cuento: sin bucles y destronada.

Después de este episodio confieso que, a través de los años, he tenido muchísimos estilos –algunos de ellos catastróficos, porque todos nos equivocamos algunas veces– y he llegado a la conclusión de que lo más importante es tener un buen corte, pelo brillante y sano.

Nada pone más años encima que un pelo opaco, lleno de laca y sin vida. Para mí, con mi tipo de pelo y forma de cara, un corte hasta los hombros es ideal. También me lo recojo bastante yo misma en un *semi chignon* muy práctico, que hago en cinco minutos.

La moraleja de esta historia es que cuides siempre que tu cabello se vea brillante y que escojas lo que mejor va contigo y no fijándote en lo que se lleva en las pasarelas o se ve en las revistas de moda.

Un buen cuento

Con tu pelo,
como
con todo,
te aconsejo:
sé tú misma

Dime qué tipo de cabello tienes y te daré un truco

Si tienes pelo fino: puedes usar el truco de las modelos, que se secan el pelo hacia abajo, ponen un poco de laca y lo echan hacia atrás. Eso le dará volumen a tu peinado. Es muy importante que uses un champú y un acondicionador que te den volumen, eso también te ayudará. También necesitarás un corte adecuado, que no te haga ver el pelo pobre.

Si tu pelo es grueso: si tu pelo tiene problemas para tomar forma, es inmanejable y "salvaje" a veces, tienes el pelo grueso. Como pesa mucho, también es difícil de "domesticar". Si logras el estilo correcto puede ser fantástico. Lo más importante es que tiene que estar muy bien cortado, de lo contrario es un desorden. Un buen acondicionador es esencial.

¡Es increíble!
Un cambio sutil en tu pelo te hará sentir como nueva.

Si tienes textura media: si tu pelo mantiene la forma por más de dos días cuando lo secas o le pones rollos, tienes textura media (y mucha suerte). Éste es el tipo de pelo más fácil de arreglar. Lo único que necesitas es un buen corte y puedes experimentar con casi cualquier estilo.

Si tienes el pelo graso: si lo tienes que lavar todos los días para tenerlo limpio, tu pelo es graso, y tienes que ser meticulosa. No te lo laves con agua caliente y usa el secador en temperatura media, porque el calor estimula las glándulas sebáceas. Usa un champú especial para pelo graso. Un buen truco es usar al final un poco de vinagre o limón. Eliminará la grasa y le dará brillo.

Si tienes el pelo seco: si se carga con electricidad, se levanta, vuela y cuando lo tocas está duro, no es una sorpresa, es seco. Trátalo con suavidad. Cuando te seques con el paño no lo estrujes, no uses el secador muy de cerca, y, si usas rollos calientes, que no sea más de dos veces a la semana. Si puedes, pon un humificador en tu habitación. Te ayudará mientras duermes: le dará humedad al cabello y a la piel. Trata de no abusar de permanentes y tintes y nunca (Nunca) te hagas dos procesos el mismo día. Después de lavarlo, siempre usa un acondicionador adecuado, y corta tus puntas regularmente. Es importante que le des un tratamiento de hidratación cada dos semanas.

De la peluquería a la cocina

Si hay un lugar de la casa en el que están los mejores productos para el cabello, es la cocina. Yo uso lo que llamo "el salvavidas": aceite de oliva con 10 gotas de aceite de lavanda tibio. No me canso de recomendarlo.

También tengo esta receta, y no es para una torta: mezcla en la licuadora un huevo, dos cucharadas de queso crema, dos de mantequilla, dos de agua y 1/4 de jugo de toronja o limón. Deja la mezcla en el pelo por 5 minutos o más. Aclárala con agua tibia y deja secar tu pelo al natural. Esto lo restaurará con nutrientes esenciales.

Otra receta: 1/2 cambur, 1/2 aguacate, 1 cucharada de yogur, 1 cucharada de aceite de oliva. Mezcla todo y aplícalo en todo el cabello menos en la raíz, envuélvelo en una toalla caliente y relájate por 20 minutos. Luego, acláralo bien y notarás el efecto inmediatamente. El pelo quedará como un diamante pulido.

Cómete hasta el pelo

Así como sucede con la piel, lo que comes se refleja en tu cabello. Los folículos del pelo dependen de los nutrientes del torrente sanguíneo. Hay ciertos problemas en el pelo que pueden solucionarse con una alimentación sana y balanceada, pero no hay dieta que valga si abusas químicamente de tu cabello.

Si tu pelo se cae: quizá tengas una deficiencia de hierro y tienes que comer más carnes rojas y vegetales verdes. También el exceso de vitamina A tumba el pelo. Si estás tomando suplementos vitamínicos revisa que no tengas demasiada vitamina A.

Para tomar en cuenta
El estrés también juega un papel importante en la caída del pelo, y, por supuesto los abusos, así que cuidado.

El consejo de un estilista

Le pregunté a Tito Olmos qué es la keratina, y me contestó "no es más que una proteína natural del cabello que, al igual que el pantenol, le dan elasticidad; es decir, no permiten que se quiebre o deteriore. No es una hidratación porque no está compuesta de agua, es un reestructurante de la hebra del cabello que rellena la porosidad cuando está deteriorado. Esto hace que el cabello tenga una superficie pulida y hace que luzca muy brillante".

Sobre el color dijo: "una palabra sabia sobre el color es la calidez. Los tonos derivados del amarillo y el rojo funcionan muy bien con todos los tipos de piel". Pero en cuanto a las extensiones Tito tiene sus reservas: "no las recomiendo. Hace 30 años las mujeres tenían melenas abundantes y sanas. Hoy en día los excesos en productos y tratamientos lo deterioran muchísimo. Antes de recurrir a las extensiones les sugiero a las mujeres que cuiden más su cabello con cortes frecuentes cada dos meses, masajes circulares con los dedos y los productos adecuados para su tipo de pelo".

En cuanto al cambio de look, Tito sugiere "tener un asesor de imagen o estilista, una persona que conozca tu pelo y que a la vez esté actualizada con las últimas tendencias. Es importante cambiar el look cada cierto tiempo. Sube el ánimo y reafirma la feminidad".

Si tu pelo no crece: la vitamina B que le da energía al cuerpo es tu solución. Si tu nivel de energía está bajo, tu pelo crecerá lentamente. La vitamina H hará que tu pelo crezca fuerte y rápidamente, y también puedes complementar tomando magnesio y zinc, que está en los huevos, pescados, leche, legumbres y nueces.

Un poco de color

Con el color hay que ir con cuidado. El pelo y la piel están coloreados por la misma sustancia, la melanina; la naturaleza es sabia y la pigmentación de tu piel seguramente va acorde con tu cabello. Por lo tanto, lo recomendable es no cambiar más de dos o tres tonos, y si usas reflejos, que a mí me encantan, puedes ir de cuatro a seis tonos más bajos.

Pero si quieres cambiar totalmente, te recomiendo que te pongas en manos de un buen profesional que entienda de tonos, porque un color errado puede palidecerte y envejecerte. Busca un profesional.

Para recordar

El color que ves en la caja sería lo que obtendrías si tiñeras pelo blanco. Lo que sucederá con tu cabello podría ser muy diferente.

A Irene Sáez, quien tenía el pelo marrón cuando la conocí, Osmel la transformó en la rubia sensacional que se convirtió en Miss Universo. Y **Kate Moss**, la modelo más versátil del momento, también tenía el pelo castaño y era insignificante, mientras que ahora que es rubia se ve fabulosa. Lo ideal es que pruebes con un mechón de pelo para ver la tonalidad que toma.

Los tintes pueden ser:

1) Color temporal: se cae con las lavadas y es muy práctico para probar cambios de color.

FOTO: MÓNICA TREJO

2) Color semi permanente: también se caen con las lavadas pero tienen poco peróxido.

3) Color permanente: estos colores se mezclan con agua oxigenada para que penetren en la cutícula y duran hasta que la raíz crece. Hay que cuidar el color porque se va destiñendo a medida que pasa el tiempo. Un champú para pelo teñido es esencial.

4) Henna: por años usé este producto para teñir mi pelo, pero le encuentro varios defectos. Primero: como es natural la gente piensa que es inofensivo, pero no es así. La henna va formando capas sobre el pelo y no deja que los suavizantes o aceites penetren así que el pelo se va poniendo seco y áspero. Además, el color nunca es estable: un día estaba color remolacha y otro color zanahoria, así que me cansé.

Tip
El color apropiado y un buen corte son los equivalentes a la ropa más fina para tu cabello. La clave está, como siempre, en saber elegir qué es lo que mejor te va.

5) Reflejos: me encantan porque le dan mucha vida al pelo y luz a la cara. Igualmente, te recomiendo que te los hagas con un profesional. Hacerlos en casa te puede costar caro, ya que tienes que usar decolorante y, si te quedan mal, será un desastre. Puedes terminar con el pelo naranja. También hay reflejos oscuros que se hacen con tintes para dar profundidad y, mezclados con los claros, dan un efecto natural y muy bonito.

6) Pelo negro: si tienes el pelo negro tinto puede ser muy bello, es el que más brilla de todos. Pero cuando los años se acumulan y salen las "canallas", es el color más difícil de mantener. Además, puede endurecer tus facciones. Un tono un poco más sutil, como el castaño oscuro, te va a favorecer más.

Escogiendo el corte perfecto

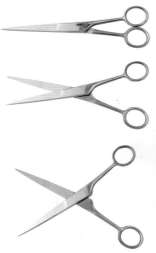

Es parte de la personalidad y marca tu estilo. Te recomiendo que estudies tu cara y tus ángulos, porque dependiendo de la forma de tu rostro y tu estilo de vida habrá un corte que te realce más y se adapte a ti.

Si tienes poco tiempo para arreglarte, busca un corte que sea fácil de mantener. El cabello corto es ideal, pero no le queda bien a todas. Busca tu proporción. Como ya lo he dicho a lo largo de este libro, todo depende de la proporción. Si eres muy grande y de huesos anchos, no te va el pelo corto. Si, por el contrario, eres pequeña y finita, te verás estupenda.

Escogiendo el peluquero

Busca alguien cuyo trabajo conozcas y, si es posible, que te haya peinado un par de veces, para que conozca tu tipo de cabello, el volumen, la caída, etcétera. También es importante que te lleves bien con él, o al menos que tengas buena comunicación. Llévale fotos de lo que quieres y discútelo.

Dato

Lávate el pelo el día antes, para que cuando llegues pueda examinarte con el pelo seco. Esto es crucial.

Si tienes el cabello largo, y vas a optar por un look corto, súbetelo hasta donde lo quieres cortar para ver cómo se ve la cara. Y si por casualidad el que te corta el pelo está hablando por celular, me lo pensaría dos veces.Cortar necesita concentración y destreza.

También te aconsejo que no cruces las piernas y las mantengas a un nivel, porque cruzar la piernas desnivela la posición de la cabeza.

Cómo reconocer un buen corte

El cabello bien cortado debe caer en su lugar después de mover vigorosamente la cabeza. No debe haber puntos donde se vea más grueso y en otros más delgado. No debe tener huecos.

Debe tener volumen sin tener que batirlo o ponerle laca. Si tienes un buen corte puedes peinarte hasta con los dedos y darle la forma que quieres.

Dato

El color apropiado y un buen corte son los equivalentes a la ropa más fina para tu cabello. La clave está, como siempre, en saber elegir qué es lo que mejor te va.

¿Cuál es largo perfecto? Es muy difícil de saber y depende de cada rostro, personalidad y estilo, pero lo recomendado por la mayoría de los estilistas es que después de los cuarenta lo mantengas como máximo hasta los hombros.

El cabello corto alarga la cara, pero como en todo hay excepciones. A las jóvenes les recomiendo que disfruten sus melenas mientras puedan.

Tips:

1) Al terminar de lavar mi cabello lo enjuago con agua fría porque cierra la cutícula y le da brillo.

2) Si por casualidad no tuviste tiempo de lavarte el pelo y tienes que salir, prueba esto: toma un poco de talco de bebé, y en las raíces te pones un poquito, y luego te cepillas. Verás que tu pelo se ve más limpio al instante.

3) Si tienes horquetillas, lo mejor es cortar las puntas y usar aceite de vitamina E o ligado con otro, que puede ser de oliva. Aplícalo y cubre tu cabello con una toalla caliente y verás cómo se restaura inmediatamente.

4) No te cortes nunca tú misma el flequillo o la pollina. Si lo haces, te arrepentirás.

5) Cuando vayas a la playa, protege tu cabello con un producto especial que tenga filtro solar. Un buen sombrero o un pañuelo son ideales.

6) Cuando cambies el color del pelo chequea tus cejas. No deben ser muy diferentes uno del otro.

7) El alisado permanente está muy de moda. Es un tema delicado aunque puede quedar muy bonito. A mí me encanta la individualidad, por eso creo debes fijarte si el pelo lacio va con tu estilo. No porque esté de moda lo tienes que usar.

Así la usaron

Consejos del dermatólogo Acudí a mi dermatólogo Ivan Pinto para que me diera los secretos de una piel ideal. Según él, la piel latina, por ser resultado del mestizaje de razas, es particular. Sin embargo, cada piel tiene características propias que deben guiar a la mujer en la búsqueda de los productos ideales. El cosmético ideal es aquél que se usa en forma regular y constante. Esa es la única manera de garantizar el efecto deseado.

Los productos en crema están indicados para pieles envejecidas y deshidratadas, ya que tienen gran cantidad de lípidos y ceramidas, que son las encargadas de la humectación. Las emulsiones y geles son ideales para pieles grasas, pues en ellas la alta cantidad de actividad sebácea debe ser contrarrestada con formulas con escaso contenido de las mismas. Las leches o laits son para pieles más sensibles, que requieren cuidado especial. Merece atención la piel hipersensible, que puede pasar de una condición de resequedad extrema a la piel seborreica o muy grasosa, para la cual el agua termal es el mejor producto calmante e hidratante.

Para cuidar la piel, el doctor Pinto recomienda:

Compresas frías de leche: tienen efecto calmante para la inflamación en la piel. No recomienda las compresas de agua de manzanilla, porque tienen un efecto astringente; es decir, resecan la piel.

Mascarillas de yogur: en cualquiera de sus presentaciones, especialmente el no desgrasado, es la mejor forma de hidratar la piel. "Deje la mascarilla durante 15 minutos, luego retire con agua fresca y rocíela con agua termal. Esto proporciona a la piel hidratación profunda además de evitar el efecto de los radicales libres y la fatiga".

Aceite de oliva extra virgen y de baja acidez: aplicar una gota en cada parpado todas las noches antes de la crema de contorno de ojos facilita la absorción de la misma y reduce la presencia de radicales libres. En su experiencia profesional y personal, Pinto asegura que el aceite de oliva permite aclarar en forma progresiva las ojeras.

Doctor Fredric Brandt

¿Qué debe hacer una persona para tener una piel hermosa?

Lo más importante es la utilización de productos efectivos de una manera consistente. La gente muchas veces cambia de productos frecuentemente sin darle la oportunidad a que funcionen los buenos. Uno debe de estar seguro de utilizar productos que hayan sido demostrados científicamente. Protege tu piel con antioxidantes y crema protectora contra rayos ultravioletas en la mañana y en la noche usa productos reconstituyentes de la piel. Además, se deben usar otros productos que dependen de lo que requiera la piel de cada persona. Un buen régimen doméstico de cuidado de piel debe de incluir una evaluación profesional. La clave es la consistencia. Yo soy un firme creyente en la combinación de elementos naturales como el té verde con péptidos científicamente validados.

¿Cuáles son los beneficios de usar bótox?

Elimina las líneas producidas por expresiones faciales y arrugas, levanta la piel de la frente y el cuello y desacelera el proceso de envejecimiento.

Físico y dermatólogo. Es uno de los más reconocidos especialistas en antienvejecimiento.

FOTO: CORTESÍA DOCTOR BRANDT

El lenguaje secreto

Lo que dices con el cuerpo

Pequeñas claves para andar por la vida con gracia

La elegancia y el bienestar caminan en un mismo sentido. Se trata de una especie de magia que tiene que ver con la postura, con la educación y con las maneras personales. Se trata de pura cortesía en movimiento, de esos pequeños detalles que son claves para andar por la vida con gracia. Poco importa si eres físicamente bella. La belleza sin causa no tiene ningún efecto duradero. Lo ideal es cultivar la apariencia como un conjunto que incluya lo que se ve por fuera y, sobre todo, lo que guardamos por dentro.

Dato

Lo que dices con el cuerpo puede transformar el look más increíble en un penoso desastre. En tus manos, piernas, espalda y pies y, sobre todo, en tu cabeza está la clave para no permitirlo.

A continuación, brindo algunas claves para cultivar lo que decimos con el cuerpo y convertir cada postura y cada movimiento en verdadera poesía.

Caminar como una princesa

Muchas mujeres son conocidas por su belleza y por su encanto, y en verdad lo único que tienen que podría distinguirlas de otras es su manera de caminar. No es fácil caminar con dignidad. Algunas personas tienen el don natural de moverse con gracia, pero si no nos viene natural hay que cultivar este arte.

Es ridículo usar ropa bella y elegante si no sabemos movernos ni sentarnos, pues no importa lo que nos pongamos, no lucirá y terminaremos viéndonos arrugadas como trapos.

Evita a toda costa

No hay nada que avejente más que caminar arrastrando lo pies. Tampoco es favorable caminar desgarbada, mirando al piso.

Lo ideal es mantenerse erguido y con la cabeza en alto. No sólo te verás mejor sino que también es más saludable y te hará parecer más alta y esbelta. La postura correcta es con la cabeza en alto y ligeramente hacia atrás, la espalda recta y los hombros un poco abiertos y el estómago hacia adentro. Esta manera de caminar te hará lucir mucho más ligera y alargada. También presta atención si al caminar tuerces los pies.

Chequea en un espejo cuando pases frente a él y fíjate si tienes los hombros y la cabeza hacia delante o si tienes el cuello como un pato. Corrige la postura inmediatamente y, si te ayuda, pégate a una pared y comienza desde allí. Debes hacer un esfuerzo y corregirte con la práctica, porque los beneficios son incontables. Respirarás mejor, evitarás la fea papada o doble cuello, se te quitarán los molestos dolores de espalda y además, te verás estupenda.

Sentarse como una reina

Las mismas reglas se aplican al sentarse. Si te sientas mal, con las piernas abiertas y los pies pegados, o te tiras en el sofá o la poltrona como un romano antiguo, no te verás muy elegante. De la misma manera, las posturas masculinas no son muy favorecedoras. Parece mentira, pero si te sientas con gracia y una buena postura, todo el mundo lo notará.

Honrar los pies como el centro de todo

Los pies y la popularidad van juntos. Cuando tenemos una ampollita, por insignificante que parezca, se nos ve en la cara. Si no me crees, recuerda alguna ocasión en que no pudiste disfrutar porque te molestaban los pies. Eso se nota.

La más pequeña molestia se verá reflejada en tu encanto y, créeme: puede opacarlo todo. Antes de dar un paso, piensa bien si esos zapatos que llevas, pueden ser la base de todo tu encanto. Si te van a traicionar, mejor tíralos a la basura.

Las manos hablan

Unas manos atractivas no tienen que ser perfectas. No podemos cambiar la forma de nuestros dedos y palmas. Pero sí podemos mejorar su apariencia. Entonces, lo primero es la limpieza. No te ofendas, pero piensa cuántas veces te lavas las manos y no te cepillas las uñas. Necesitas tener un equipo con jabón, cepillo, un palito de naranja y una buena crema.

Comida para las manos

Frota tus manos y uñas con un poco de aceite de oliva tibio y luego cúbrelas con guantes de algodón. Déjalas quietas por una hora y luego enjuágalas. Tendrás manos de reina.

Es preciso lavar bien las manos, cepillar, usar el palito de naranja y humectar con crema todo el tiempo. Un buen dato es mantener otro pote de crema en la cocina y en la gaveta de la oficina. No importa la marca, es el uso permanente lo que hará que tus manos cambien. Las manos ásperas se ensucian mucho más.

Una manicura una vez a la semana es importante. Si te la haces tú misma hay tres pasos esenciales:

1) Mantener las cutículas bajo control.

2) Conservar las uñas con un largo apropiado (y esto dependerá del gusto y ocupación). En general, un poco más largas que la punta de los dedos es lo ideal.

3) Ser prudente con el color y brillo. El color es algo muy individual. Si tus manos son perfectas, puedes usar tonos brillantes como el rojo o los tonos súper oscuros. Si no, usa algo menos llamativo. El color beige o el brillo transparente hace que tus dedos se vean más largos en manos y pies, y resulta menos obvio cuando la pintura se empieza a pelar. Siempre usa una capa de brillo.

Confía en ti

Seguramente lo has oído mucho. La confianza es amiga de la elegancia y, como dice Nina García, "no tiene nada que ver con la estética y tiene todo que ver con la actitud". Pocas cosas en la vida van a lucir mejor en tu cuerpo que una buena dosis de auto-confianza.

Un momento "de gloria"

El día en que te dieron el empleo que querías o cuando tu novio te dijo que le gustabas. Usa ese recuerdo para los días en que la inseguridad golpea y piensa que tú puedes con eso y más.

Claro, que todos tenemos inseguridades. Pero cuando se está en compañía de una mujer que tiene confianza en sí misma, eso se nota. Una mujer con confianza sabe qué le va bien y qué no y se ama por completo. La confianza puede desarrollarse. Es cuestión de practicar. Mírate al espejo, y comienza hoy mismo.

Tu segunda piel

Lingerie

De adentro hacia afuera

Cuando era niña, mi madre, que es muy particular, nos decía a mis hermanas y a mí que la ropa interior debía estar siempre impecable, para no pasar la vergüenza de tener algo roto o desteñido si teníamos un accidente y nos llevaban a un hospital. La verdad es que, aunque eran otros tiempos y otra manera de pensar, todavía creo en esto. El hecho de ser mujer siempre implica cierto cuidado extra.

Para mí la ropa interior siempre ha sido un placer. Si tuviera que hacer una lista de las cosas que me levantan el ánimo, la ropa interior tendría un lugar muy especial. Después de todo es lo primero que me pongo y lo último que me quito. Soy devota de la ropa interior bonita, femenina y sexy. No importa si eres voluptuosa o delgada, la ropa interior correcta hace toda la diferencia.

Nació el sostén

El *brassière* fue patentado en Estados Unidos en 1914 por Mary Phelps. Se hacía con dos pañuelos y una estrecha cinta y hasta los años veinte no tuvo estructura. De hecho, su función en un principio era aplanar el busto, todo lo contrario de los diseños de hoy en día.

Por primera vez, en la década del cuarenta, se usó la goma espuma para darle forma a los *brassière*, y de ahí saltamos a uno de los mejores inventos del siglo XX. ¿Qué mujer no se ha sentido feliz usando un sostén *push-up*? Levanta todo, hasta el ánimo. Con un bonito escote y un *push-up* te puedes sentir irresistible.

Quien empezó todo fue una compañía llamada Wonderbra, en 1994, y fue la verdadera locura. La campaña publicitaria más famosa de la compañía consistía en una mujer con el *push up* que decía "mírame a los ojos y dime que me amas". Lo cierto es que después del *push-up*, nada sería igual. Las mujeres encontraron la solución perfecta.

Sobre el push-up

Si ya estás bien dotada, no es necesario.

Exagerar nunca es elegante.

No es para ir a la oficina.

Sólo es apropiado en determinados momentos.

Los básicos interiores

Sostén

Un básico necesario es el sostén sin costuras, que se moldea perfecto al cuerpo y elimina las marcas. Inclusive cuando usas una camiseta muy ajustada o un vestido ceñido, es un modelo que se ve estupendo. Si puedes, te recomiendo que compres uno en negro, en color piel y otro blanco.

Las pantaletas, panties o bragas

En el diario vivir las pantaletas de puro algodón son las más cómodas e higiénicas. Pero el hecho de que deban ser cómodas no quiere decir que tengas que usar un pantaletón. Las hay muy cómodas y que se ajustan al cuerpo, no se arrugan ni abultan. Debes tener cuidado al comprarlas porque no hay nada menos elegante que se marque la línea de la pantie en el pantalón o en la falda. Elije siempre la talla correcta.

Las panties completas son indispensables si quieres viajar cómoda, ir al gimnasio y hacer diligencias. Además, en su encantadora modestia tienen algo de prenda sexy.

La tanga

Si es de encaje, mejor. Es una prenda que se vuelve invisible y es perfecta para los pantalones ajustados. Pero, por favor, cuidado que no se salga por encima del pantalón (como he visto que la dejan ver algunas chicas), porque luce muy vulgar.

Si no eres amiga de la tanga, puedes optar por el bikini. Es la solución perfecta porque no es ni muy grande ni muy pequeña y además, la puedes encontrar en infinidad de modelos que se ajustan muy bien al cuerpo.

Conjuntos con encaje y transparencias

Un escote que revele un delicado sostén de encaje negro es, además de sexy, muy femenino. No hay nada más sugestivo que un conjunto de sostén y panties de encaje negro. Los *brassière* los uso de media copa y mis colores favoritos son beige, negro, tono piel o lila. Se ven muy delicados haciendo juego con una pantie. No tienen desperdicio.

Consejito
Cuando me siento más aventurera, me lanzo con colores vivos. De pronto, un conjuntito en rojo puede ser muy sensual.

Camisetas o camisolas

Son tan sexy como utilitarias y pueden ser muy glamorosas. Las de algodón o seda tienen doble función: sirven para usarlas debajo de una chaqueta o blazer, o para dormir. Eso sí: cuando la uses para salir, asegúrate de no enseñar demasiado.

Un consejo
No abuses de ella. Úsala solo para ocasiones especiales.

Pijama

No hay nada más reconfortante que acostarte fresca y cómoda. La pijama masculina es muy práctica y se ve estupenda en las mujeres. Las puedes conseguir tipo short o de pantalón largo, de algodón o de seda. La versión para mujer se empezó a utilizar después de la película **Sucedió una noche (1934), con Clark Gable y Claudette Colbert,** en una escena en la que ella dice "sólo para demostrarte que mi corazón está en el lugar correcto, te voy a prestar mi pijama".

Otra manera de irte a la cama, y una de las más femeninas de todas, es con dormilona o *babydoll*. Las largas de seda y llenas de encaje se las dejo a las novias en su luna de miel, porque luego resultan poco prácticas y te puedes enredar mientras estás durmiendo. En cambio las *babydoll* son muy atractivas. Las puedes encontrar en seda o algodón, con encajes y transparencias.

Sobre tu pijama, para levantarte a desayunar y estar en casa antes del baño, lo ideal es una bata. Las de piqué son muy lindas y frescas al igual que la tipo kimono de seda. ¡Tanto me gusta la ropa de dormir que voy a lanzar mi propia línea!

Medias

Antes las medias eran de rigor. Ahora todo es más casual y ya no las usamos en nuestro cálido clima tropical. Sin embargo, confieso que las de seda negras y transparentes para la noche me resultan súper sexies. También, un par de medias negras opacas lucen estupendas en las noches de frío. Las medias hacen que todo luzca más moderno y chic.

Dato

Las medias tipo fajas, que controlan tu barriguita y moldean el trasero, son muy prácticas cuando usamos ropa ceñida.

A los hombres les enloquecen las medias con ligueros, pero ¡qué incomodidad! Úsalas solamente en ocasiones muy especiales. A otros les fascinan las medias de venas, que ahora se están volviendo a usar. A mí me parecen divertidas las de red de pescadores, a lo Marlene Dietrich, que se ven muy sexy, con una camisa blanca y una falda lápiz negra. Las he usado en negro y también en color natural.

Las medias arrugadas se ven muy mal, por eso son mejores las de nylon y lycra. Ya lo mencioné antes, pero lo repito: Un triple NO para las medias negras con zapatos blancos o viceversa.

De ocasión...

Más allá de los básicos, que son para diario, si en una ocasión especial quieres estar arrebatadora, las medias de seda y los ligueros son imbatibles, al igual que el corset, que tanto le gusta a los hombres. Recuerda que estar en control de tu sensualidad te da poder. Entonces, ¿para qué usar ropa interior desaliñada o vieja, si puedes ponerte algo que te hará sentir muy femenina?

El dato de oro

• Es muy importante que elijas la medida adecuada a la hora de comprar tu ropa interior. Con el sostén, te recomiendo que vayas a una tienda especializada para que te midas apropiadamente. Una talla errada puede hacer que tu busto sea minimizado, si las copas son muy grandes se nota enseguida, además debes procurar que tenga el debido soporte. Toma en cuenta tu espalda para que no te apriete y te salgan rollitos.

Un consejo

Cuando vayas a comprar tu ropa, lleva el sostén que usarás. Así verás cómo te queda el atuendo.

• Si vas al gimnasio o practicas algún deporte, debes usar un sostén especial para que el busto se mantenga en su sitio.

• Las panties deben ser de tu talla: Si son muy pequeñas, marcarán la gordura y, si son muy grandes, se arrugarán. Una pantaleta muy grande o muy pequeña es poco *chic*.

Consejos de una diva

Victoria Beckham, en su libro *That extra half an inch* hace algunas observaciones sobre la ropa interior que me parecen pertinentes:

"Una buena manera de ser práctica y sexy en el día a día es usar un sostén cómodo y sencillo (yo uso unos de Calvin Klein a los que llamo bolsitas de té, porque se sienten como bolsitas de té con una cinta) y una pantie más sexy. Puede que no combinen, pero te harán sentir cómoda y sexy al mismo tiempo y podrás llevarlos bajo tu ropa de diario sin problemas".

that extra half an inch

Victoria Beckham

Hair, Heels and Everything In Between

Oscar de la Renta

¿Cuál es tu filosofía respecto a la moda?
Nunca cohibirme en todo lo que a la moda y la vida se refiere.

¿Qué hay que tener en el clóset para ser feliz?
Para mí lo esencial para vestir hoy día es desarrollar un estilo personal que refleje quién eres. Ultimadamente, tú estilo y lo que vistes es simplemente saber lo que te luce bien.

¿Cuál es tu inspiración cuando diseñas?
Lo más importante es diseñar vestimenta para la mujer moderna. En el corazón de cada colección está la imagen de esta mujer y la manera en la cual ella refleja su feminidad a través de la moda. Claramente, esta idea cambia con cada estación. Cada colección que desarrollo tiene la intención de que cada mujer se enamore de mis diseños.

Diseñar, para mí, es algo natural, nunca es un proceso dificultoso. En cierta manera, diseñar me brinda mucho regocijo. Cuando en el futuro, alguien pregunte "¿quién es Oscar de la Renta?", la respuesta debería ser "es un lindo vestido".

Diseñador dominicano. Es considerado uno de los 10 mejores de los EEUU y entiende perfectamente la feminidad de la mujer latina.

FOTO: CORTESÍA OSCAR DE LA RENTA

Glosario

Cardigan: tipo de suéter que se cierra por el frente, con botones.

Cashmere: tela o tejido hecho con lana de oveja que se caracteriza por ser muy fina y suave.

Chic: viene del alemán *schick* que significa "la capacidad de hacer cualquier cosa con elegancia y desenvoltura". Una persona *chic* tiene elegancia y estilo.

Coctel o *cocktail*: un coctel es una fiesta en donde se sirven cocteles. En el mundo de la moda se usa el término "vestido tipo coctel" o "vestido semi formal". La característica común a todos los vestidos coctel es que el largo varía alrededor de la rodilla.

Foulard: pañuelo hecho de seda o combinación de seda y algodón. Esta palabra se utiliza como sustituto de pañuelo. El *foulard* se usa como accesorio. Algunas mujeres musulmanas llevan un pañuelo de seda muy elegante, ya que deben cubrir su cabellera por tradición religiosa.

Glamour: del escocés *gramarye*, significaba magia o encantamiento. Este término deriva, a su vez, del griego *grammárion*, que significaba pócima. Una mujer con glamour o glamorosa es una mujer que no sólo es elegante sino que tiene un encanto especialmente femenino.

Halter: deriva del alemán *büstenhalter*, que significa sostén. Es un modelo de camisa o vestido que tiene una banda de tela alrededor del cuello. Los vestidos o camisas tipo halter no tienen mangas.

In: es el término anglosajón para referirse a aquello que está de moda.

Look: aspecto o apariencia.

Shawl: del persa *shal*, es una pieza de ropa cuadrada o rectangular que se utiliza para cubrir los hombros y brazos. Se utiliza sobre otras prendas, como complemento.

Stiletto: es un modelo de zapato que se caracteriza por tener tacón alto y delgado (llamado también tacón aguja).

Strapless: es un modelo de top o vestido sin tirantes.

Vintage: se refiere a ropa de segunda mano o usada. Vintage es una tendencia de moda que se interesa por piezas antiguas y únicas con estilo y carácter.

~ Mis notas ~

~ Mis notas ~

~ Mis notas ~

~ Mis notas ~

Este libro se terminó de imprimir
en los talleres de Artes Gráficas Rey, C.A.
Caracas, Venezuela.
Abril, 2013